Frank Rosin

Neue deutsche Küche

Neue deutsche Küche

Frank Rosin

Fotografie: **Klaus Arras**

DK

Inhalt

»Die Seele des Rezepts ist das Kochen und Zeit die beste Zutat.
Wir würzen durch Kochen, nicht durch Würzen.«

Frank Rosin

Kochen mit **Lust** und **Leidenschaft**

Deutschland liegt in der Mitte des modernen Europa – das merkt man auch an unseren Lieblingsgerichten, zu denen neben Rinderrouladen und Königsberger Klopsen heute Pizza und Pasta, Döner und Gyros gehören. Zuwanderer aus südlichen und östlichen Ländern brachten über viele Jahre hinweg Familienrezepte und Essgewohnheiten mit, Traditionelles und Neues vermischten sich im Lauf der Jahrzehnte. Entsprechend ist die moderne Küchenkultur nicht nur von den verschiedenen Regionalküchen Deutschlands, sondern von Rezepten und Produkten aus der ganzen Welt beeinflusst, die im Zeitalter von Flugreisen und Internet ständig kleiner wird.

Mit diesem Kochbuch möchte ich allen, die gern kochen, erprobte und modern interpretierte Rezepte an die Hand geben. Rezepte, die jeder für sich abwandeln und dann wieder weitergeben kann. Denn das Kochen stirbt ohne die Familie, die gemeinsam kocht und isst. Früher haben Kinder das Kochen einfach durch Zuschauen zu Hause gelernt, heute brauchen wir dafür leider schon Kochschulen. Daran würde ich gern etwas ändern.

Gutes Kochen hat ganz viel mit Leidenschaft zu tun. Wir dürfen es nicht allzu ernst nehmen, sondern müssen mehr mit dem Bauch an die Sache rangehen. Der Kopf darf dabei ruhig Pause machen. Gutes Essen dient – genau wie guter Sex, wenn ich das einfach mal vergleichen darf – der Befriedigung essenzieller Grundbedürfnisse und hat viel mit unserer persönlichen Lebensqualität zu tun. Deswegen sollten Sie auch nur kochen, wenn Sie Appetit haben. Ein satter Bauch gibt dem Gaumen keine guten Ratschläge!

Meine Rezepte sollen zeigen, dass die heutige deutsche Küche weitaus spannender, effektiver und wertvoller ist als ihr Ruf. Von Langeweile weit und breit keine Spur. Lassen Sie sich aber vor allem nicht von hohen Ansprüchen und dem Urteil anderer den Spaß am Kochen nehmen. Stehen Sie mit Lust und Leidenschaft am Herd, nicht mit verbissenem Ernst und allzu großem Respekt. Als Leitschnur soll Ihnen dabei mein Lieblingszitat des britischen Kochs Marco Pierre White dienen: »Am Ende ist alles nur Essen«.

In diesem Sinne

Ihr
Frank Rosin

Ein großes Dankeschön für die Mitarbeit geht an meinen Küchenchef Oliver Engelke und an Souschef Christian Danielek.

Die Rezepte

Die Rezepte in diesem Buch sind in sieben Kapitel unterteilt, die den klassischen Bestandteilen eines Menüs entsprechen. So können Sie sich ein mehrgängiges Menü zusammenstellen oder einfach beliebige Speisen zu einer einfachen Mahlzeit kombinieren – ganz nach Geschmack und Bedarf.

Im Kapitel »Vorspeisen und Salate« reicht die Bandbreite von Leberkäsesalat über Räucherlachsroulade mit Frischkäse bis zu Pilzcarpaccio. Nicht fehlen dürfen in der neuen deutschen Küche vor allem Suppen, die das nächste Kapitel bilden. Dort spannt sich ein weiter Bogen von der klassischen Hochzeitssuppe und der Sommersuppe von roten Linsen bis zum Tomatentee mit Kräutersäckchen.

Nicht nur für Vegetarier spielt Gemüse heute oft eine Hauptrolle. Von Spargel im Bärlauch-Pfannkuchen mit einer leichten Zitronenhollandaise reicht die Palette über herzhafte Kartoffel-Gemüse-Plätzchen mit Pilzen bis hin zu Wirsingrouladen, die statt mit Hackfleisch lieber mit Polenta gefüllt werden.

Die Zubereitung von Fleisch und Geflügel bildet das Grundgerüst unserer Kochkultur. Doch auf schwere Saucen verzichten wir heutzutage gern. Ein Perfekt gegartes Rinderfilet, Geschmorte Kaninchenkeulen und Currywurst mit fruchtiger Sauce sind moderne, leichte Gerichte. Aber dank den Klassikern wie Sauerbraten, Königsberger Klopse, Geschnetzeltes oder Schnitzel ist sicher für jeden etwas dabei.

Viel Küste hat unsere Heimat nicht zu bieten, deswegen ist das Fischkapitel auch etwas kürzer. Doch die Rezepte für Forelle, Zander, Lachs, Kabeljau und Matjes werden jeden Fischfreund begeistern. Und die Gedämpften Maultaschen mit Seeteufel überzeugen bestimmt noch den letzten Fischskeptiker.

Das Beilagenkapitel fällt im Vergleich besonders umfangreich aus, weil die Vielfalt in diesem Bereich eben typisch deutsch ist: Knödel, Spätzle und Schupfnudeln ebenso wie Gemüse sind geschätzte Begleiter zu Fisch- und Fleischgerichten, eignen sich aber in Kombination oft auch als Haupt- oder Vorspeise. Außerdem gibt es etwas ausgefallenere Dinge wie Kartoffelbaumkuchen oder Gebackene Reisbällchen.

Die warmen und kalten Nachspeisen beschließen den Rezeptteil – Kirschparfait mit Zitronengras, Warmer Pfirsich in Pergamentpapier oder Grießflammeri mit marinierten Zwetschgen entführen Sie ganz schnell in den siebten Desserthimmel.

Im Anhang finden Sie zum guten Schluss außerdem Grundrezepte für Brühe, Mayonnaise und diverse Dressings, die viel besser schmecken als Fertigprodukte aus dem Supermarkt.

Alle Mengenangaben und Rezepte sind für vier Personen ausgelegt. Zum Kochen sollten beste, möglichst regional hergestellte Produkte verwendet werden, da die Gerichte häufig einfach sind und von der Qualität und der Frische der Zutaten leben. Wird abgeriebene Zitronenschale gebraucht, empfehlen sich unbehandelte Früchte.

Ein Satz noch zur angegebenen Kühlzeit bei Rezepten, die Gelatine enthalten: Da Kühlgeräte, Außentemperatur und Zutaten den Vorgang des Gelierens beeinflussen, handelt es sich dabei um einen Erfahrungswert. Auch die Kochzeiten sind in der Regel Annäherungswerte, weil die Garzeiten immer von den verwendeten Produkten abhängen.

Da die Rezepte nicht in erster Linie für Kochanfänger bestimmt sind, wird eine gute Küchenausstattung vorausgesetzt. Unabdingbar sind eine große ofenfeste Pfanne sowie eine Küchenmaschine mit Mixer oder ein leistungsstarkes Handrührgerät und ein Stabmixer. Ein Entsafter und ein iSi-Whip zum Aufschäumen leisten ebenfalls gute Dienste. Für einzelne Gerichte wird zudem hitzebeständige Folie (Bratfolie) benötigt.

Jetzt steht dem Kochvergnügen nichts mehr im Weg. Genießen Sie Ihre Reise durch die faszinierende Welt der neuen deutschen Küche!

Rosins **Grundregeln**

Diese Grundregeln bilden den Kern von Frank Rosins Küchenkosmos und sind die Grundlage des guten Kochens. Auf ihnen bauen alle seine Rezepte auf.

- **Zeit** ist die wichtigste Zutat.
- **Konzentrieren und reduzieren,** um die Aromen zu verdichten.
- **Nie einfach draufloswürzen,** damit erschlägt man den Charakter der Zutaten.
- **Salz und Zucker** gehören immer zusammen.
- **Karamellisieren** hilft, Aromen und Eigengeschmack herauszuarbeiten.
- **Säure** gezielt **als Gegenspieler** zu süßen Noten einsetzen.
- **Kochwasser** ebenso **abschmecken** wie einen Sud, damit es Aroma an die Zutaten überträgt und ihnen nicht Geschmack nimmt.

Vorspeisen und Salate

Süß-saurer **Gurkensalat** mit Lachstatar

Das ist für mich der beste Gurkensalat der Welt! Dieses Rezept habe ich vor 22 Jahren in einer Notlage kreiert. Seitdem habe ich es ständig weiter verbessert, und der Salat ist ein fester Bestandteil meiner Rezeptsammlung.

> einfach
> 35 Minuten + 2 Stunden marinieren

1 Die Gurken halbieren und mit einem Teelöffel die Kerne entfernen. In kleine Würfel schneiden. Ingwer schälen und fein hacken. Knoblauchzehe schälen und hacken. Zwiebeln schälen und fein würfeln. 1 EL Olivenöl in einer Pfanne erhitzen. Zwiebeln und Knoblauch darin glasig dünsten. Vom Herd nehmen.

2 Das Lachsfilet zuerst in dünne Scheiben, dann in feine Streifen und zuletzt in feine Würfel schneiden. In einer Schüssel mit den Korianderblättern und dem Ingwer vermengen. Mit Salz und Pfeffer abschmecken. Die Hälfte der glasigen Zwiebel-Knoblauch-Mischung untermengen. In den Kühlschrank stellen.

3 Die Gurkenwürfel mit der restlichen Zwiebel-Knoblauch-Mischung vermengen. Chilisauce, Senf, Currypulver, Zucker, gehackten Dill, Essig und restliches Olivenöl (80 ml) dazugeben und unterrühren. Mindestens 2 Stunden im Kühlschrank marinieren lassen.

4 Dann den Gurkensalat noch einmal mit Salz, Pfeffer und Essig abschmecken. Auf Gläser verteilen und das Lachstatar auf den Salat setzen. Mit Dillspitzen dekorieren. Sofort servieren.

2	Salatgurken
2 cm	Ingwerwurzel
1	Knoblauchzehe
2	Gemüsezwiebeln
90 ml	Olivenöl
160 g	Lachsfilet ohne Haut und Gräten
1 TL	fein gehackte Korianderblätter
	Salz, Pfeffer
200 ml	süße Chilisauce
1 TL	Senf
1 TL	Currypulver
1 EL	Zucker
1 EL	gehackter Dill
150 ml	Weißweinessig
	Dillspitzen

Rosins Tipp: Da Gurken zu 90 Prozent aus Wasser bestehen, gewinnt Gurkensalat sehr, wenn man die Gurken nach dem Entkernen einsalzt und in einem Sieb etwa 45 Minuten abtropfen lässt. Dadurch wird die Marinade nicht verwässert und der Gurkengeschmack intensiver.

Pilzcarpaccio mit Haselnüssen

> vegetarisch
> 20 Minuten

50 g	geschälte Haselnüsse
1	Handvoll Zupfsalat
10–12	schöne Pilzköpfe (etwa Steinpilze, Kräuterseitlinge, Steinchampignons)
½ Bund	glatte Petersilie
2 EL	Rosinen
1	Zitrone
4 EL	Olivenöl
	Salz
	Zucker
	Pfeffer

1 Die Haselnüsse grob hacken und in einer Pfanne ohne Zugabe von Fett unter Wenden anrösten. Den Salat verlesen, abbrausen und trocken tupfen. Die Pilze trocken abreiben und feinblättrig schneiden oder hobeln. Auf vier Tellern auslegen.

2 Die Petersilie waschen, trocken tupfen und die Blätter samt Stielen fein hacken. Die Rosinen ebenfalls hacken. Die Zitrone auspressen. Für das Dressing die Petersilie mit Rosinen, Zitronensaft, Olivenöl und jeweils 2 Prisen Salz, Zucker und Pfeffer verrühren.

3 Den Salat mit 1 EL Dressing vermengen. Die Pilze mit dem übrigen Dressing beträufeln, die Salatblätter locker auf dem Carpaccio verteilen. Mit Haselnüssen bestreut servieren.

ROSINS TIPP: Pilze sind roh eine Köstlichkeit, wenn auch vielleicht für manche ungewohnt. Falls Sie sich nicht an diese Zubereitung wagen, lassen sich die Scheiben alternativ (etwas dicker geschnitten) auch kurz in Öl angebraten zubereiten.

Feldsalat mit Speck, Champignons und Croûtons

> einfach
> 35 Minuten

225 g	Feldsalat
250 g	kleine Champignons
3	Scheiben Toastbrot
1	Bund Petersilie
8	Scheiben Frühstücksspeck
2 EL	Olivenöl
	Meersalz, Pfeffer

CHAMPAGNERDRESSING
(Rezept Seite 217)

1 Feldsalat putzen und in eine Salatschüssel geben. Von den Champignons vorsichtig mit einem scharfen Messer die Haut abziehen, Stiele und braune Lamellen entfernen. Champignons halbieren. Die Rinde vom Toastbrot abschneiden. Toast in 5 mm große Würfel schneiden. Petersilienblätter abzupfen und fein hacken. Frühstücksspeck längs halbieren und in 1 cm breite Streifen schneiden.

2 In einer Pfanne 1 EL Olivenöl erhitzen und die Toastbrotwürfel darin goldbraun rösten. Vom Herd nehmen, die Petersilie untermengen und mit Meersalz und Pfeffer würzen. Auf einen Teller geben und auskühlen lassen. Die Pfanne bei mittlerer Hitze wieder auf den Herd stellen und die Speckstreifen im restlichen Olivenöl (1 EL) kross braten.

3 Das Champagnerdressing zubereiten und mit dem Feldsalat vermengen. Den Feldsalat auf Teller verteilen. Champignonhälften, Croûtons und den krossen Speck darauf anrichten.

Rosins Tipp: Wer bei der Zubereitung Zeit sparen will, schneidet die Pilze in dünne Scheiben. Das Entfernen der Haut und der Lamellen lohnt sich jedoch, denn es betont das Pilzaroma.

Würzige **Belugalinsen** mit Pernod

Linsen machen sich nicht nur als Vorspeise gut. Bei uns zu Hause war die Linsensuppe so etwas wie eine Allzweckwaffe für jeden kulinarischen Anlass. Verdoppelt man die Menge des Rezepts und serviert leckere Frikadellen (siehe Seite 88) dazu, erhält man ein wunderbares Hauptgericht.

> einfach
> 35 Minuten

6	Knoblauchzehen
1	Rosmarinzweig
1	Thymianzweig
6	Sternanis
250 g	Belugalinsen
4	Schalotten
2–3 EL	Olivenöl
	Zucker
200 ml	Balsamessig
200 ml	Gemüsebrühe
	Salz, Pfeffer
1	Schuss Pernod

1 2 Knoblauchzehen, den Rosmarin- und den Thymianzweig sowie Sternanis in einen Teefilter aus Papier füllen. Den Gewürzbeutel mit Küchengarn verschließen. Linsen, 600 ml Wasser und den Gewürzbeutel in einem Topf aufkochen. Die Linsen bei mittlerer Hitze etwa 15 Minuten garen, sie sollten noch Biss haben. Vom Herd nehmen, abgießen und die Linsen unter kaltem Wasser abschrecken.

2 Während die Linsen kochen, restliche Knoblauchzehen (4 Stück) und Schalotten schälen und fein würfeln. 1 EL Olivenöl in einer Pfanne erhitzen. Schalotten- und Knoblauchwürfel darin glasig andünsten und mit etwas Zucker karamellisieren. Mit dem Balsamessig ablöschen. Die Flüssigkeit so lange reduzieren lassen, bis ein dickflüssiger Sirup entstanden ist. Die Brühe aufgießen und die Linsen dazugeben. Mit Salz, Pfeffer, Olivenöl und Pernod abschmecken. Auf Gläser verteilen.

ROSINS TIPP: Gewürzbeutel erleichtern bei vielen Eintöpfen, Suppen und Saucen das Aromatisieren, weil man die Kräuter und Gewürze mit einem Griff wieder entfernen kann. Als Beutel eignen sich für den einmaligen Gebrauch Teefilter aus Papier. Mehrmals verwenden kann man kleine Leinenbeutel oder Teefilter aus Baumwolle, die man von ihrem Drahtgestell löst. Mit Küchengarn zubinden.

Leberkäsesalat mit Kräutern

Auch wenn Puristen sich mit Grausen abwenden: Ich esse diesen Leberkäsesalat gern mit selbst gemachter Mayonnaise (siehe Seite 218), weil's einfach lecker ist.

> einfach
> 30 Minuten + 6 Stunden marinieren

600 g	Leberkäse am Stück
150 g	Gewürzgurken
150 g	Radieschen
2	Schalotten
2	Frühlingszwiebeln
	Salz, Pfeffer
	Essigessenz
	Rapsöl
1	Bund Kerbel
1	Bund Petersilie

1 Backofen auf 180 °C vorheizen. Den Leberkäse auf ein Backblech setzen und auf mittlerer Schiene etwa 10–15 Minuten backen, sodass er eine schöne Farbe bekommt. Herausnehmen und abkühlen lassen.

2 In der Zwischenzeit Gewürzgurken und Radieschen in dünne Streifen schneiden. Schalotten schälen und in dünne Ringe schneiden. Die Frühlingszwiebeln ohne die dunkelgrünen Teile in feine Ringe schneiden.

3 Den abgekühlten Leberkäse ebenfalls in dünne Streifen schneiden. Mit den übrigen vorbereiteten Zutaten in einer Schüssel vermengen. Mit Salz, Pfeffer, Essigessenz und Öl abschmecken und 6 Stunden ziehen lassen.

4 Vor dem Servieren Kerbel und Petersilie fein hacken. Den Leberkäsesalat nochmals abschmecken und die Kräuter untermischen.

> **ROSINS TIPP:** Statt Leberkäse eignet sich ebenso Fleischwurst für dieses Rezept. Der Leberkäse bringt jedoch durch das Bräunen einen kräftigen Bratgeschmack mit. Die Kräuter verleihen dem Salat eine besondere Frische.

Räucherlachs-roulade mit Frischkäse auf Münsterländer Pumpernickel

> braucht Vorbereitung
> 25 Minuten + 3 Stunden kühlen

6	Blatt Gelatine
½	Bund Kerbel
400 g	Frischkäse
	Salz, Pfeffer
	Zitronensaft
8	Scheiben Räucherlachs
4	Scheiben Pumpernickel
1 TL	gehackter Dill

1 Gelatine 5 Minuten in etwas kaltem Wasser einweichen. Kerbel fein hacken. Gelatine ausdrücken. In eine Metallschüssel geben und über dem Wasserbad erwärmen. Kerbel in den Frischkäse rühren. Mit Salz, Pfeffer und Zitronensaft abschmecken. Den Frischkäse nach und nach in die aufgelöste Gelatine rühren. Etwa 2 Stunden in den Kühlschrank stellen, bis der Frischkäse anfängt, fest zu werden.

2 Räucherlachsscheiben nebeneinander auslegen (siehe Tipp). Den Frischkäse längs in der Mitte auf dem Räucherlachs verteilen. Aus Lachs und Frischkäse eine stramme Rolle formen (3 cm Ø). Die Rolle etwa 1 Stunde in den Tiefkühler legen.

3 Aus dem Pumpernickel insgesamt 8 Kreise (3 cm Ø) ausstechen. Die Lachsrolle aus dem Tiefkühler nehmen, die Frischhaltefolie entfernen und die Rolle mit einem dünnen Messer in 8 Scheiben schneiden. Räucherlachsrouladen-Scheiben auf die Pumpernickelkreise legen und mit dem Dill auf Tellern anrichten.

> **ROSINS TIPP:** Um eine stramme Roulade zu bekommen, ohne die Lachshülle zu beschädigen, den Räucherlachs auf Frischhaltefolie auslegen und den Frischkäse mit ihrer Hilfe einrollen.

Fenchel-Orangen-Salat mit warmer Räucherforelle

Den besonderen Pfiff erhält der Salat durch das Karamellisieren, weil die dezente Herbe des geschmolzenen Zuckers die Süße der Orangenfilets mit der Frische des Fenchels verbindet.

> einfach
> 30 Minuten

50 g	Butter
50 ml	Gemüsebrühe
1	Lorbeerblatt
4	geräucherte Forellenfilets
3	Orangen
600 g	Fenchel
2	Schalotten
1	Knoblauchzehe
1 EL	Olivenöl
2 EL	Zucker
1	kleine Handvoll Thymianblätter
100 ml	Weißwein
	Salz, Pfeffer

1 Die Butter, die Brühe und das Lorbeerblatt in einer Pfanne auf niedrigster Stufe erwärmen. Die geräucherten Forellenfilets darin warm halten.
1 Orange auspressen. Aus den restlichen 2 Orangen die Filets herausschneiden. Beiseitestellen.

2 Fenchel vierteln, vom Strunk befreien und in dünne Streifen schneiden. Schalotten schälen, halbieren und ebenfalls in Streifen schneiden. Knoblauchzehe schälen und fein hacken. Olivenöl in einer Pfanne erhitzen. Fenchel, Schalotten und Knoblauch darin 3 Minuten anbraten. Zucker und Thymianblätter dazugeben und unterrühren. Mit Orangensaft und Weißwein ablöschen. Vom Herd nehmen, durch ein Sieb abgießen und den Sud auffangen.

3 Den Fenchel-Orangen-Sud wieder in die Pfanne geben und einkochen lassen, bis die Flüssigkeit verdampft ist und der Zucker anfängt, leicht zu karamellisieren. Die Orangenfilets dazugeben. Den Fenchel unterheben. Alles vermengen und mit Salz und Pfeffer abschmecken. Auf Teller verteilen. Die Forellenfilets aus der warmen Flüssigkeit nehmen und mit dem Salat anrichten.

ROSINS TIPP: Die Forellenfilets kann man auch kalt servieren. Dann sollte der Fisch aber nicht zu lang erhitzt werden, da er während des Abkühlens weitergart.

ROSINS TIPP: Wer Kopfsalat fad findet, nimmt Chicorée. Statt der Nordseekrabben kann man auch Hummer oder Garnelen verwenden. Und die Cocktailsauce eignet sich auch als Salatdressing oder als Dip zu rohem Gemüse.

Krabbencocktail mit fruchtigem Salat

Ein Krabbencocktail war in den 1970er-Jahren eine überaus feine Vorspeise und äußerst beliebt beim sogenannten Jetset. Stilecht wurde damals immer in einer Sektschale auf fein geschnittenen Kopfsalatherzen angerichtet. Das Rezept ist – inklusive der Dosenpfirsiche – eine Verbeugung vor dieser Zeit.

> schnell
> 20 Minuten

1 Schalotte und Knoblauch schälen und fein würfeln. Öl in einer Pfanne erhitzen, Schalotte, Knoblauch und Zucker hinzugeben. Bei kleiner Hitze glasig dünsten. Vom Herd nehmen.

2 Kopfsalat vierteln, vom Strunk befreien und in feine Streifen schneiden. Diese in die Pfanne mit den Schalotten und dem Knoblauch geben. Sofort in eine Schüssel schütten und kalt stellen, sodass der Salat nicht anfängt zu garen. Die Pfirsiche fein würfeln und unter den Salat mischen.

3 Mayonnaise in einer Schüssel mit Tomatenmark, Cognac und Zitronensaft verrühren. Mit Salz und Cayennepfeffer abschmecken. Die Krabben mit der Cocktailsauce vermengen und auf Gläser oder Teller verteilen. Den Kopfsalat dazu anrichten.

1	Schalotte
1	Knoblauchzehe
1 EL	Rapsöl
1 EL	Zucker
1	Kopfsalat
4	Pfirsichhälften (Dose)
8 EL	Mayonnaise (siehe Seite 218)
3 EL	Tomatenmark
1	Spritzer Cognac
2 EL	Zitronensaft
	Salz, Cayennepfeffer
400 g	gegarte Nordseekrabben ohne Schale

Kopfsalat mit Sahnedressing

Ein ganz klassischer Beilagensalat – er schmeckt einfach unglaublich lecker. Egal ob zu Fisch oder kurz gebratenem Fleisch. Oder einfach so zu Pellkartoffeln.

> schnell
> 15 Minuten

2	Kopfsalatherzen
2	Schalotten
½	Knoblauchzehe
1 EL	Olivenöl
500 g	Sahne
	Salz, Zucker
	Saft von 1 Zitrone

1 Kopfsalatherzen vierteln und den Strunk herausschneiden. Schalotten und Knoblauch schälen und fein würfeln. Olivenöl in einer Pfanne erhitzen. Schalotten- und Knoblauchwürfel darin glasig dünsten.

2 Vom Herd nehmen, Sahne dazugießen. Mit Salz, Zucker und Zitronensaft abschmecken. In ein tiefes Gefäß geben und das Dressing mit dem Stabmixer schaumig aufmixen. Kopfsalatherzen in tiefe Teller geben und das Dressing darübergießen.

ROSINS TIPP: Wer vor »süßem« Salat zurückschreckt, sollte dieses Dressing trotzdem einmal probieren: Die gedünsteten Schalotten- und Knoblauchwürfel setzen einen deftigen Kontrapunkt zur Süße des Zuckers. Wichtig: Nie lasche Salatblätter verwenden! Das Dressing passt auch zu Romanasalat.

Krautsalat mit Kümmel

Ich persönlich liebe Kümmel im Krautsalat und mische immer ein paar Samen darunter. Der Kümmel unterstützt und hebt den Kohlgeschmack. Außerdem hilft er beim Verdauen.

> braucht Vorbereitung
> 40 Minuten + über Nacht marinieren

½	Kopf Weißkohl
2	Äpfel
1	Gemüsezwiebel
	Salz
100 ml	Olivenöl
150 ml	Apfelessig
100 ml	Gemüsebrühe
100 g	Zucker
1–2 TL	Kümmelsamen
	Pfeffer

1 Weißkohl vom Strunk befreien und in feine Streifen schneiden. Die Äpfel schälen, vom Kerngehäuse befreien und fein raspeln. Zwiebel schälen und ebenfalls fein raspeln. Alles mit 2 EL Salz in einer Schüssel vermengen. Zutaten 10 Minuten mit den Händen gut durchkneten, damit der Kohl mürbe wird. Mit Olivenöl begießen.

2 Essig, Brühe und Zucker in einen Topf geben, aufkochen lassen und sofort über den Kohl gießen. Alles noch mal gut vermengen. Mit dem Kümmel und reichlich Pfeffer würzen und über Nacht durchziehen lassen. Vor dem Servieren noch einmal mit Salz, Pfeffer, Zucker und Essig abschmecken.

ROSINS TIPP: Wer eine elektrische Schneidemaschine hat, erhält ganz gleichmäßige Kohlstreifen.

Suppen

Hochzeitssuppe mit Blumenkohlröschen

Eine Suppe ist die klassische Vorspeise der deutschen Küche und erfreut sich nach wie vor ungebrochener Beliebtheit. Deswegen gibt es in Deutschland auch viel mehr Suppenrezepte als in anderen Ländern. Diese Hochzeitssuppe ist ein absolutes Traditionsrezept.

> braucht Vorbereitung
> 45 Minuten + 1 Stunde kühlen

2	Eier
2	Eigelb
	Salz
	Muskatnuss
180 ml	Milch
1 TL	weiche Butter
1,2 l	Fleischbrühe
2	Stangen weißer Spargel
4	Röschen Blumenkohl
1 EL	gehackte Petersilie

1 Für den Eierstich Eier und Eigelbe aufschlagen. Mit Salz und geriebener Muskatnuss würzen. Die Milch aufkochen und vom Herd nehmen. Ganz langsam unter ständigem Rühren in die Eiermasse gießen. Durch ein feines Sieb passieren und nochmals mit Salz und geriebener Muskatnuss abschmecken.

2 Eine quadratische Form (10 × 10 cm) ausbuttern. Die Eimasse einfüllen und mit Frischhaltefolie abdecken. Die Form in ein siedendes Wasserbad stellen und die Eimasse in etwa 15 Minuten stocken lassen. Herausnehmen, etwas abkühlen lassen. 1 Stunde in den Kühlschrank stellen, bis die Eimasse völlig durchgekühlt ist. In 1 cm große Würfel schneiden.

3 Die Fleischbrühe erhitzen. In einem zweiten Topf Salzwasser aufkochen. In der Zwischenzeit den Spargel schälen und in 1 cm lange Stücke schneiden. Spargelstücke und Blumenkohlröschen darin etwa 8 Minuten blanchieren. Herausnehmen und auf die Teller verteilen. Den Eierstich ebenfalls auf die Teller verteilen. Mit heißer Fleischbrühe übergießen, mit etwas Petersilie bestreuen und sofort servieren.

ROSINS TIPP: Als Fleischbrühe lässt sich die Tafelspitzbrühe von Seite 94 verwenden. Für besonders festliche Anlässe kann man aus der Hackfleischmasse für die Königsberger Klopse (siehe Seite 108) kleine Frikadellen formen und als Einlage in die Suppe geben.

Frühlingszwiebel-Schaumsüppchen mit Kartoffel-Speck-Klößen

> einfach
> 1 Stunde

1 Für die Klöße die Kartoffeln etwa 20 Minuten in Salzwasser garen. Vom Herd nehmen, abgießen, ausdampfen lassen und pellen.

2 In der Zwischenzeit Weißbrot in feine Würfel schneiden. Speck fein würfeln. Schalotte schälen und fein hacken. Kerbel fein hacken. Butter in einer Pfanne erhitzen. Die Weißbrotwürfel darin anrösten, herausnehmen und zur Seite stellen. Das Öl in die Pfanne geben. Speck- und Schalottenwürfel darin anbraten.

3 Salzwasser in einem Topf erhitzen. Die noch warmen Kartoffeln zerdrücken und in einer Schüssel mit Weißbrot, Speck, Zwiebeln und Ei vermengen. Mit Salz, Pfeffer und Kerbel abschmecken. Von der Masse mit einem Espressolöffel 16 kleine Klöße abstechen. Zwischen beiden Handflächen rund rollen. Die Klößchen in siedendem Salzwasser in etwa 5 Minuten gar ziehen lassen. Herausnehmen und beiseitestellen.

4 Für die Suppe die Schalotte schälen und fein würfeln. Von den Frühlingszwiebeln nur die hellen Teile fein hacken. Aus dem Rest 4 breite Streifen schneiden. 1 EL Butter in einem Topf erhitzen. Schalottenwürfel darin glasig dünsten. Mit Salz, Pfeffer und Zucker würzen. 1 weitere Minute braten und mit Weißwein ablöschen. Die Flüssigkeit auf die Hälfte einkochen lassen.

5 Die Brühe aufgießen. Frühlingszwiebeln und Crème fraîche zur Suppe geben. 5 Minuten köcheln lassen, dann vom Herd nehmen. Suppe mit dem Stabmixer aufmixen. Mit Salz, Pfeffer und Zucker abschmecken. Die restliche kalte Butter (1 EL) dazugeben und sofort mit dem Stabmixer aufmontieren (siehe Tipp), bis die Suppe schaumig ist. Kartoffel-Speck-Klößchen mit einem Streifen Frühlingszwiebel auf Holzspieße stecken und die Suppe in hitzebeständige Gläser füllen. Sofort servieren.

KLÖSSE

200 g	mehligkochende Kartoffeln
	Salz
50 g	Weißbrot
40 g	Räucherspeck
½	Schalotte
1	kleine Handvoll Kerbelblätter
1 EL	Butter
1 EL	Rapsöl
1	Ei
	Pfeffer

SUPPE

1	Schalotte
2	Bund Frühlingszwiebeln
2 EL	kalte Butter
	Salz, Pfeffer, Zucker
100 ml	Weißwein
1,2 l	Gemüsebrühe
2 EL	Crème fraîche

ROSINS TIPP: Wenn der Koch »montiert«, schraubt er nicht etwa am Herd herum. »Montieren« bedeutet aufschäumen. Dafür muss kalte Butter in die Suppe gemixt werden, denn nur so entsteht ein perfekter Schaum, der nicht gleich wieder zusammenfällt.

Frühlingshafte **Bärlauchschaumsuppe** mit Weißwein

Zur Bärlauchzeit im März und April lässt sich mit wenig Aufwand aus den Blättern eine frische Suppe zubereiten. Das Rezept eignet sich auch für gemischte Frühlingskräuter (Petersilie, Kerbel, Schnittlauch, Dill, Estragon).

> vegetarisch
> 40 Minuten

2	Schalotten
70 g	kalte Butter
	Zucker, Salz
150 g	Bärlauch
150 ml	Weißwein
600 ml	Gemüsebrühe
180 g	Sahne

1 Schalotten schälen und fein würfeln. 50 g Butter in einem Topf zerlassen und die Schalottenwürfel darin glasig dünsten. Mit Zucker und Salz würzen. Vom Bärlauch 2 Blätter fein schneiden und beiseitelegen. Den Rest in den Topf geben und mit Weißwein ablöschen. Etwas einkochen lassen, mit der Gemüsebrühe auffüllen. 5 Minuten köcheln lassen.

2 Vom Herd nehmen und die Suppe im Mixer oder mit dem Stabmixer pürieren. Durch ein Sieb passieren und wieder in einen Topf füllen. Erhitzen, die Sahne dazugeben und 5 Minuten köcheln lassen.

3 Vom Herd nehmen, nochmals mit Salz und Zucker abschmecken. Restliche Butter (20 g) dazugeben und Suppe mit dem Stabmixer schaumig aufmixen. Auf Teller verteilen und mit dem restlichen Bärlauch bestreuen.

> **ROSINS TIPP:** Wer im Wald Bärlauch sammelt, sollte vorsichtig sein. Die schmalen Blätter können leicht mit denen der giftigen Maiglöckchen verwechselt werden. Wer auf Nummer sicher gehen will, verwendet Bärlauch aus dem eigenen Garten oder kauft ihn auf dem Wochenmarkt.

RAG
SIEMENS
Oliver

Dicker Möhreneintopf mit getrockneten Kirschen

Im Restaurant machen wir diese dicke Suppe, eher Eintopf, extra ohne Kartoffeln, damit sie nicht so mächtig wird, und servieren sie auch als Gemüsebeilage zu Fisch- oder Fleischgerichten.

> einfach
> 25 Minuten + 1 ½ Stunden kochen

BRÜHE

1	Rinderbeinscheibe mit Knochen (etwa 1 kg)
3	Lorbeerblätter
2	Gewürznelken
½	Bund glatte Petersilie
	Salz

SUPPE

1 kg	Möhren
2	Schalotten
200 g	getrocknete Kirschen
150 g	Butter
	Pfeffer
1 EL	Zucker

1 Die Beinscheibe mit Lorbeerblättern, Gewürznelken, Petersilie, Salz und 2 l Wasser in einen Topf geben. Aufkochen und etwa 1 Stunde kochen lassen. Vom Herd nehmen und durch ein Sieb abgießen. Die Brühe wieder in den Topf geben und auf 500 ml einkochen lassen. Das dauert etwa 30 Minuten. Vom Herd nehmen, Fleisch von der Beinscheibe lösen und beiseitestellen.

2 Möhren schälen und grob klein schneiden. Schalotten schälen und fein würfeln. Getrocknete Kirschen klein hacken. Die Butter in einem Topf zerlassen, die Schalottenwürfel darin glasig dünsten. Die Möhren dazugeben und dünsten, bis keine Flüssigkeit mehr im Topf ist. Die 500 ml Beinscheibenbrühe aufgießen. 5 Minuten kochen lassen, bis die Möhren gar sind.

3 Vom Herd nehmen. Möhren mit einem Kartoffelstampfer zerdrücken. Das Suppenfleisch und die gehackten Kirschen untermengen. Mit Pfeffer und Zucker würzen und auf Teller verteilen.

> **ROSINS TIPP:** Mit den Kirschen etwas fein gehackte Ingwerwurzel in den Eintopf geben. Das verleiht dem Gericht eine besondere Frische. Das urdeutsche Wurzelgemüse bekommt durch die eigenwillige Kirsch-Ingwer-Kombination eine ziemlich exotische Note.

Steinpilzsuppe mit Schinken und Sherry

Steinpilze sind die Könige unter den Waldpilzen und adeln diese Suppe.Dennoch ist die Zubereitungsart ein Grundrezept und für jede Art von Pilzsuppe geeignet – egal, ob mit Pfifferlingen oder Champignons.

> einfach
> 45 Minuten

500 g	Steinpilze
1	Schalotte
3	Scheiben luftgetrockneter Schinken
1 EL	Rapsöl
2 EL	Zucker
150 ml	halbtrockener Sherry
1½ l	Gemüsebrühe
100 g	kalte Butter
300 g	Crème fraîche
	Salz, Pfeffer
	Zitronensaft
	Thymianblätter

1 Die Pilze putzen und in feine Scheiben schneiden. Die Schalotte schälen. 2 Scheiben Schinken und die Schalotte fein würfeln. Das Öl in einem Topf erhitzen und die Steinpilzscheiben darin anbraten. Ein paar Scheiben zum Anrichten beiseitelegen, Schinken- und Schalottenwürfel in den Topf geben und ebenfalls anbraten. Mit Zucker bestreuen, verrühren und mit Sherry ablöschen.

2 Die Brühe aufgießen und die Flüssigkeit um ein Viertel einkochen lassen. Das dauert etwa 15 Minuten. Vom Herd nehmen. Butter und Crème fraîche in die Suppe rühren. Alles mit dem Stabmixer schaumig aufrühren. Mit Salz, Pfeffer, Zitronensaft und etwas Thymian abschmecken. Auf Teller verteilen. Den restlichen Schinken zerzupfen. Die Suppe mit Schinken, Pilzscheiben und Thymianblättern anrichten und servieren.

ROSINS TIPP: Pilze nie waschen, weil sie sich vollsaugen und ihr Aroma verlieren. Lieber mit einem kleinen Messer und/oder einem weichen Küchenpinsel putzen, auch wenn das mehr Arbeit macht. Getrocknete und eingeweichte oder tiefgekühlte und aufgetaute Steinpilze eignen sich ebenfalls für dieses Rezept.

Leichte **Zuckererbsensuppe** mit Schweinepfoten

Wenn ich an Erbsensuppe denke, dann bin ich in Gedanken immer bei meiner Oma, die mit ganz einfachen Mitteln eine äußerst schmackhafte Erbsensuppe gekocht hat. Ganz wichtig waren dabei die Schweinepfötchen. Ihr intensiver Geschmack gibt der Suppe eine cremige Säure. Typisch Schwein eben. Ich habe Omas Rezept allerdings etwas modernisiert.

> einfach
> 45 Minuten + 2 Stunden kochen

1 Die Gemüsebrühe in einem Topf aufkochen. Kasslerknochen und Schweinepfoten hineingeben und 2 Stunden köcheln lassen. Brühe durch ein Sieb in einen zweiten Topf abgießen. Noch einmal aufkochen und vom Herd nehmen.

2 Salzwasser in einem Topf erhitzen. Die Zuckererbsen 2 Minuten darin blanchieren, in ein Sieb abgießen, kalt abschrecken und in einem hohen Gefäß mit dem Stabmixer oder im Mixer pürieren. Die pürierten Erbsen in die heiße Brühe geben und mit einem Stabmixer untermixen. Mit Salz, Zucker und Zitronensaft abschmecken.

3 Majoranzweige in die Suppe geben und 10 Minuten bei niedriger Hitze ziehen lassen. Majoran entfernen. Die Suppe noch einmal aufmixen und auf Teller verteilen.

1,2 l	Gemüsebrühe
200 g	Kasslerknochen
2	Schweinepfoten
	Salz
350 g	Zuckererbsen
	Zucker
1 EL	Zitronensaft
4	Majoranzweige

> ROSINS TIPP: Lange wurden in der Gourmetküche überwiegend die Filetstücke für Fleischgerichte verwendet. Doch seit Nachhaltigkeit ein aktuelles Thema ist, rücken fast vergessene Rezepturen wieder in den Fokus. Früher war das Verarbeiten des ganzen Tieres selbstverständlich. Das Auskochen von Knochen und Fleischresten zu gehaltvollen Suppen und Brühen gehört in diese Tradition. Die Zutaten sollte man übrigens rechtzeitig beim Metzger vorbestellen.

Sommersuppe von roten Linsen mit leichter Chiliwürze

Linseneintopf hat in Deutschlands Küchen eine lange Tradition. Es gibt sehr viele regionale Rezepte dafür, von denen die meisten sehr deftig sind und gut in die kalte Jahreszeit passen. Diese Sommersuppe ist beeinflusst von der türkischen Küche und angenehm leicht.

> vegetarisch
> 45 Minuten

1	Knoblauchzehe
2	Schalotten
2 EL	Olivenöl
250 g	rote Linsen
100 ml	Weißwein
600 ml	Gemüsebrühe
1	rote Chilischote
	Salz, Pfeffer
	Zitronensaft
	Thymianblätter

1 Knoblauch und Schalotten schälen und fein schneiden. Das Olivenöl in einem Topf erhitzen. Schalotten und Knoblauch darin glasig dünsten. Die Linsen waschen und dazugeben. Etwa 1 Minute bei geringer Hitze anschwitzen. Mit Weißwein und Brühe aufgießen. Aufkochen und köcheln lassen, bis die Linsen gar sind, dabei ab und zu umrühren.

2 Die Chilischote halbieren, entkernen und in Streifen schneiden. Zu den Linsen in den Topf geben und ein paar Minuten mitkochen. Die fertige Suppe mit Salz, Pfeffer und Zitronensaft abschmecken. Auf Gläser oder Teller verteilen, mit den Thymianblättern bestreuen und servieren.

ROSINS TIPP: Ein bisschen abgeriebene Zitronenschale gibt der Linsensuppe einen Extra-Frischekick. Dafür natürlich nur Bio-Zitronen verwenden. Mit Croûtons in kleinen Gläsern angerichtet, eignet sich die Linsensuppe auch perfekt für eine Sommerparty.

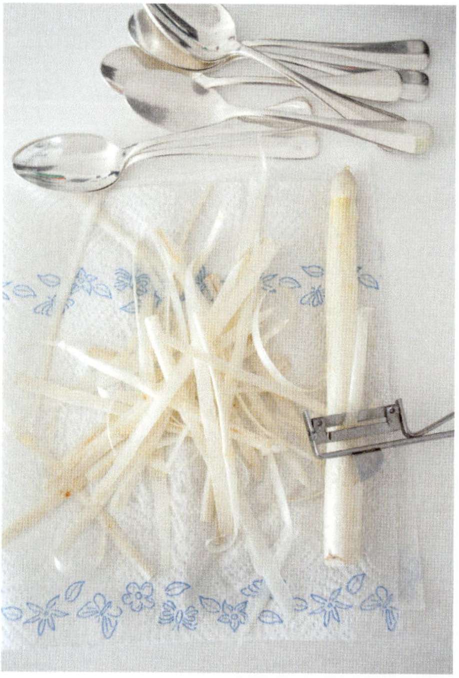

Einfaches **Spargelschaumsüppchen** mit Weißwein

Ich gebe zu, das Rezept hört sich wirklich sehr einfach an. Und das ist es auch. Kostbar wird das Süppchen durch die Zeit, die man zum Kochen verwendet. Zeit ist die beste Zutat. Wir würzen durch Kochen, nicht durch Würzen. Das Einkochen der Brühe gibt die Kraft und das Aroma.

> vegetarisch
> 45 Minuten

300 ml	Gemüsebrühe
200 ml	Weißwein
200 g	weiße Spargelreste oder -schalen
50 g	kalte Butter
150 g	Crème fraîche
	Salz, Pfeffer, Zucker
	Muskatnuss
	Zitronensaft

1 Brühe, Weißwein und Spargel in einen Topf geben. Aufkochen und etwa 30 Minuten köcheln lassen. Durch ein Sieb in einen zweiten Topf passieren. Spargelreste und -schalen wegwerfen. Die Flüssigkeit auf ein Drittel einkochen.

2 Vom Herd nehmen, Suppe mit Butter und Crème fraîche schaumig aufmixen. Mit Salz, Pfeffer, Zucker, geriebener Muskatnuss und Zitronensaft abschmecken. Sofort in Gläschen servieren.

ROSINS TIPP: Die Crème fraîche erst kurz vor dem Servieren dazugeben und aufmixen, da die eingeschlagene Luft sonst aus der Suppe entweicht und sie damit schnell an Geschmack verliert. Wenn Gäste kommen, kann das Schaumsüppchen mit gebratenen Spargelscheiben angerichet sehr dekorativ in Gläsern serviert werden.

Geeiste Gemüsesuppe mit Chilicroûtons

Diese leichte und erfrischende Suppe habe ich in meiner Jugend in Spanien kennengelernt. Wir wohnten dort immer bei Freunden, und der Vater der Familie kochte sie für uns. Dazu passt auch Schafskäse, der zerbröckelt und in die Suppe gestreut wird.

> braucht Vorbereitung
> 30 Minuten + 1 Stunde trocknen

4	Scheiben Weißbrot
1	große rote Chilischote
300 ml	Olivenöl
	Saft von 1 Zitrone
2	Schalotten
1	Knoblauchzehe
4	Strauchtomaten
2	gelbe Paprika
1	Salatgurke
3	Stangen Sellerie
300 g	Eiswürfel
½	Bund Koriandergrün
	Salz, Pfeffer, Tabasco

1 Backofen auf 110 °C vorheizen. Weißbrot in 2 cm große Würfel schneiden und auf ein Backblech geben. Im Ofen auf mittlerer Schiene 1 Stunde trocknen lassen. 1 kleines Stück Chilischote fein hacken. Mit 100 ml Olivenöl und 2 Spritzern Zitronensaft verrühren. Kurz vor dem Servieren das Weißbrot aus dem Ofen nehmen, in eine Schale geben, mit dem Chiliöl beträufeln.

2 Schalotten und Knoblauchzehe schälen und fein würfeln. 1 EL Olivenöl in der Pfanne erhitzen und die Schalotten- und Knoblauchwürfel darin glasig dünsten. Tomaten, Paprika, Gurken und den Rest von der Chilischote entkernen, grob klein schneiden. Von den Selleriestangen die Fäden abziehen und den Sellerie grob klein schneiden. Das Gemüse mitsamt dem Pfanneninhalt im Mixer oder mit dem Stabmixer pürieren.

3 Restlichen Zitronensaft, Eiswürfel, Koriander und restliches Olivenöl dazugeben. Alles auf höchster Stufe 2 Minuten durchmixen. Mit Salz, Pfeffer und Tabasco würzig abschmecken. Sofort mit den Chilicroûtons servieren.

ROSINS TIPP: Pürieren verändert nicht nur die Konsistenz und macht Suppen oder Saucen sämiger, sondern verstärkt auch den Eigengeschmack bei Obst (Erdbeeren, Himbeeren etc.) und Gemüse. Leicht anpürierte Gemüsesuppen schmeicheln dem Gaumen einfach mehr als stückige Suppen.

Kartoffelsuppe mit Räucherspeck

Bei der Bundeswehr gab es immer Kartoffelsuppe, wenn lange Märsche auf dem Programm standen. In der Pause hatten wir dann so richtig Kohldampf, und die Kartoffelsuppe aus der Gulaschkanone schmeckte einmalig gut. Da ich beim Bund auch am Herd gestanden habe, hier das Originalrezept.

> einfach
> 30 Minuten

600 g	mehligkochende Kartoffeln
1	Zwiebel
½	Stange Lauch, nur das Weiße
50 g	Räucherspeck
80 g	Butter
100 ml	Weißwein
2	Lorbeerblätter
1½ l	Gemüsebrühe
	Salz, Pfeffer
	Muskatnuss
3 EL	Frischkäse
1 EL	gehackte Petersilie

1 Kartoffeln schälen und in 2 cm große Würfel schneiden. Zwiebel schälen und fein würfeln. Lauch in Streifen schneiden. Speck fein würfeln. Butter und Speck in einer Pfanne erhitzen. Zwiebelwürfel und Lauchstreifen dazugeben. Sobald die Flüssigkeit verdampft ist, mit Weißwein ablöschen. Kartoffeln und Lorbeerblätter dazugeben. Mit der Gemüsebrühe aufgießen.

2 Die Suppe aufkochen und kochen lassen, bis die Kartoffeln gar sind. Suppe mit einem Stabmixer nicht zu fein pürieren, es sollten noch Stückchen zu sehen sein. Noch einmal aufkochen. Mit Salz, Pfeffer und geriebener Muskatnuss abschmecken, auf Teller oder Schüsseln verteilen, den Frischkäse daraufsetzen und die Suppe mit etwas Petersilie bestreut servieren.

ROSINS TIPP: Für Fleischliebhaber sind Mettwürstchen oder kleine Frikadellen als Einlage der Hit. Und als aromatische Sommersuppe wird dieses Rezept mit Süßkartoffeln, etwas Tabascoschärfe und einer Prise Curry abgewandelt.

Vitaminreiche **Kressesuppe** mit Frischekick

> vegetarisch
> 30 Minuten

1	Kartoffel
1	Schalotte
1	Knoblauchzehe
50 g	kalte Butter
	Salz, Zucker
150 ml	Weißwein
500 ml	Gemüsebrühe
200 g	Crème fraîche
2	Schalen Gartenkresse
	Pfeffer
	Zitronensaft

1 Kartoffel schälen und in 1 cm große Würfel schneiden. Schalotte und Knoblauch schälen und fein würfeln. Die Hälfte der Butter in einem Topf zerlassen, Schalotten- und Knoblauchwürfel darin glasig dünsten. Mit Salz und Zucker würzen. Mit Weißwein ablöschen. Flüssigkeit auf die Hälfte einkochen. Kartoffelwürfel dazugeben. Mit der Brühe aufgießen und etwa 10 Minuten köcheln lassen.

2 Danach Crème fraîche dazugeben und noch einmal aufkochen. Vom Herd nehmen. Kresse abschneiden. Mit der restlichen Butter (25 g) in die Suppe geben. Mit dem Stabmixer schaumig aufmixen. Mit Salz, Zucker, Pfeffer und Zitronensaft abschmecken. Sofort auf Teller verteilen und servieren.

ROSINS TIPP: Das Aufschäumen von Suppen ist nicht nur eine Mode: Die durchs Schäumen eingefügte »Luft« sorgt für eine leichte Bindung und eine schöne Konsistenz. Und die Erweiterung der Oberfläche durch das Aufschäumen gibt den Aromen mehr Raum. Beim Abschmecken vor dem Aufschäumen immer daran denken, dass die eingeschäumte Luft den Geschmack abmildert!

Frank

Tomaten-Basilikum-Suppe mit Gemüse

Meine Mutter hatte in den 1970er-Jahren einen Kochkurs besucht und ein Tomatensuppenrezept mit Reiseinlage nach Hause mitgebracht. Die Suppe hat mir immer gut geschmeckt, doch der Reis? Heute kann ich mich nie so richtig entscheiden: Klare Tomatensuppe oder gebundene? Ich liebe sie beide. Wir fangen mit der gebundenen an …

> vegetarisch
> 25 Minuten + 1 Stunde kochen

4	Schalotten
1	Knoblauchzehe
80 g	Möhren
80 g	Knollensellerie
80 g	Lauch
2 EL	Olivenöl
2 EL	Tomatenmark
1 ½ kg	geschälte Dosentomaten
300 ml	Weißwein
1 l	Gemüsebrühe
2	Lorbeerblätter
1	Gewürznelke
1	Thymianzweig
	Salz, Pfeffer, Zucker
2	Handvoll Basilikumblätter

1 Schalotten, Knoblauch, Möhren und Sellerie schälen und fein würfeln. Lauch ebenfalls fein würfeln. Das Olivenöl in einem Topf erhitzen und das vorbereitete Gemüse bei niedriger Hitze anschwitzen. Tomatenmark dazugeben und 1 Minute mitbraten. Die geschälten Tomaten und den Weißwein dazugeben. Mit der Gemüsebrühe auffüllen. Lorbeerblätter, Gewürznelke und Thymianzweig dazugeben. Mit Salz, Pfeffer und Zucker würzen. Aufkochen und 1 Stunde sanft köcheln lassen.

2 Basilikumblätter fein zerzupfen. Suppe vom Herd nehmen. Thymian, Gewürznelke und Lorbeerblätter herausfischen. Die Suppe mit dem Stabmixer pürieren. Mit Salz, Pfeffer und Zucker abschmecken. Die Suppe auf Teller verteilen und mit dem Basilikum bestreuen.

ROSINS TIPP: Wenn schöne reife Tomaten nicht zu bekommen sind, sind Dosentomaten eine wirklich passable Alternative. Sie werden reif geerntet und bringen so volles Tomatenaroma in die Suppe, während frische Tomaten oft noch grün gepflückt werden und erst während des Transports nachreifen.

Tomatentee mit Kräutersäckchen

Ein schöner Zwischengang für ein Menü und bestimmt ein spektakulärer Hingucker für die Gäste!

> verlangt Übung
> 2 Stunden

6	Knoblauchzehen
2 ½ kg	geschälte Tomaten aus der Dose
2 ½ l	Gemüsebrühe
50 g	Zucker
je 2	Rosmarin- und Thymianzweige
1	Handvoll Basilikumblätter
6	Gewürznelken
8	Lorbeerblätter
10	Pfefferkörner
500 ml	Eiweiß
250 g	Eiswürfel
1	Handvoll Rosmarinnadeln
1	Handvoll Thymianblätter

1 Knoblauch schälen und hacken. Knoblauch, Tomaten, Gemüsebrühe, Zucker, Kräuter und Gewürze in einen Topf geben. Bei mittlerer Hitze aufkochen lassen. Den Sud durch ein Sieb in einen zweiten Topf passieren, dabei die Tomaten im Sieb etwas ausdrücken. Das Eiweiß mit einem Schneebesen schaumig, aber nicht steif schlagen.

Die Eiswürfel unter das Eiweiß mengen. In den passierten Sud geben. Topf auf den Herd stellen und den Sud bei mittlerer Hitze ganz langsam zum Kochen bringen.

2 Das Eiweiß bindet dabei die Trübstoffe in der Suppe, setzt sich an der Suppenoberfläche ab und kann abgeschöpft werden. Zwischendurch mit einen Pfannenwender langsam am Topfboden entlangschaben, damit dort kein Eiweiß anbrennen kann. Wenn der Sud anfängt zu kochen, sofort vom Herd nehmen und langsam durch ein mit Küchenpapier ausgelegtes Sieb in einen zweiten Topf passieren. Noch einmal aufkochen und die Flüssigkeit auf 1 ½ Liter einkochen lassen.

3 Rosmarinnadeln und Thymianblätter hacken. 4 Teebeutel vom Inhalt befreien. Mit Rosmarin und Thymian füllen. Je 1 Kräuterbeutel in eine Teetasse legen, mit heißer Tomatenessenz überbrühen und 4 Minuten ziehen lassen. Sofort servieren.

ROSINS TIPP: Tomatenessenz lässt sich auch mit anderen Kräutern verfeinern, die zum Menü passen. Die Technik, mit Eiweiß die Trübstoffe zu binden und aus der Suppe zu entfernen, lässt sich übrigens bei allen klaren Brühen anwenden. Flüssiges Eiweiß im Tetrapak erhält man im Gastro-Fachhandel.

Gemüse

Buttrige **Spinatnocken** mit Parmesan

Dieser Klassiker kam über die Alpen zu uns – ein wirklich einfaches und geniales Gericht, das ich unheimlich gern esse.

> vegetarisch
> 25 Minuten

700 g	Spinat
120 g	Parmesan
1	Schalotte
1	Knoblauchzehe
	Salz
4	Eier
2 EL	Semmelbrösel
2 EL	Olivenöl
	Zucker
	Pfeffer
	Muskatnuss
2–3 EL	Butter
	Zitronensaft
	Chiliflocken (nach Belieben)

1 Spinat grob zerzupfen und dabei die dicken Stiele entfernen. Parmesan fein reiben. Schalotte und Knoblauchzehe schälen und fein würfeln. Salzwasser in einem Topf zum Kochen bringen. Den Spinat damit übergießen und 1 Minute blanchieren. In ein Sieb abgießen und gut abtropfen lassen. Spinat in feine Streifen schneiden. In einer Schüssel mit den Eiern, 70 g Parmesan und den Semmelbröseln vermengen.

2 1 EL Olivenöl in einer Pfanne erhitzen. Die Zwiebel- und Knoblauchwürfel darin glasig dünsten. Mit Zucker und Salz würzen. Zur Spinatmasse geben und einarbeiten. Mit Salz, Pfeffer und geriebener Muskatnuss abschmecken.

3 Aus der Masse mit zwei Esslöffeln 12 Nocken formen. Butter in der Pfanne erhitzen und die Nocken von allen Seiten in 5–7 Minuten goldbraun anbraten. Herausnehmen und kurz auf Küchenpapier abtropfen lassen. Auf Teller verteilen und mit dem restlichen Parmesan (50 g) bestreuen. Mit dem restlichen Olivenöl (1 EL) und etwas Zitronensaft beträufeln. Nach Belieben mit Chiliflocken bestreuen. Sofort servieren.

Rosins Tipp: Spinatnocken gart man in der Regel in leicht siedendem Wasser. Durch das langsame Braten in Butter bleiben jedoch die Aromen besser erhaten und der Spinatgeschmack ist intensiver.

Zwiebelkuchen mit Westfälischem Schinken

Was gibt es Schöneres als ein gutes Fußballspiel, ein kühles Bierchen und ein Stück Zwiebelkuchen dazu? So mag ich es am liebsten. In Süddeutschland ist der Zwiebelkuchen aber ein typisches Winzergericht und wird im Herbst traditionell zu einem Gläschen neuem Wein serviert.

> braucht Vorbereitung
> 1 Stunde 20 Minuten + 7 Stunden trocknen und kühlen

6	Scheiben Westfälischer Schinken
200 g	Mehl
125 g	kalte Butter, in Stücken
8	Eier
	Salz
1 kg	Gemüsezwiebeln
2 EL	Rapsöl
50 ml	Weißwein
1 EL	gehackte Thymianblätter
	Pfeffer
300 g	Frischkäse

1 Den Schinken auf ein mit Backpapier ausgelegtes Backblech legen und über Nacht, mindestens aber 6 Stunden, bei 80 °C Umluft im Backofen trocknen. In feine Streifen schneiden.

2 Das Mehl, die Butter, 2 Eier und 1 Prise Salz rasch zu einem geschmeidigen Mürbeteig verkneten. Zur Kugel rollen, in Frischhaltefolie wickeln und mindestens 1 Stunde im Kühlschrank ruhen lassen.

3 Backofen auf 170 °C Umluft vorheizen. Die Zwiebeln schälen und in feine Streifen schneiden. Öl in einer großen Pfanne erhitzen, die Zwiebeln darin glasig dünsten. Mit Weißwein aufgießen und die Flüssigkeit komplett einkochen lassen. Mit Thymian, Salz und Pfeffer kräftig abschmecken. Den getrockneten Schinken untermengen. In der Zwischenzeit den Teig ausrollen, in eine Backform geben (etwa 29 × 42 cm) und einen 3 cm hohen Rand ausformen. Im Ofen auf mittlerer Schiene 15 Minuten blindbacken (siehe Tipp).

4 Boden aus dem Ofen nehmen, Hülsenfrüchte und Backpapier entfernen und die Zwiebelmasse darauf verteilen. Die Backofentemperatur auf 120 °C senken. Den Frischkäse mit den restlichen 6 Eiern verquirlen und über die Zwiebeln gießen. Vorsicht, die Flüssigkeit darf nicht unter den Teig gelangen. Im Backofen auf mittlerer Schiene in etwa 40 Minuten stocken lassen. Herausnehmen, etwas auskühlen lassen und vorsichtig aus der Form lösen. Zum Servieren in Stücke schneiden.

Rosins Tipp: Das Blindbacken bewahrt den Boden vor dem Durchweichen. Dazu Backpapier auf den Teig legen und mit getrockneten Hülsenfrüchten (Linsen, Bohnen, Erbsen) füllen. Das Gewicht sorgt dafür, dass der Boden sich beim Backen nicht von der Form löst und keine Blasen wirft.

Sonnenweizen
mit Brokkoli und Apfel

> vegetarisch
> 35 Minuten

400 g	Sonnenweizen
	Salz
4	Lauchzwiebeln
1 Stück	Ingwer (etwa 2 cm)
1	kleiner Brokkoli
6 EL	Olivenöl
3 EL	Apfelessig
1 TL	Senf
1 TL	Honig
	Pfeffer
1	Apfel
1 Bund	Schnittlauch
4 Rispen	Kirschtomaten
2 EL	Puderzucker

1 Den Sonnenweizen nach Packungsanweisung in Salzwasser garen. Abgießen und abtropfen lassen. Die Lauchzwiebeln putzen, waschen und in Ringe schneiden. Ingwer schälen und hacken, Brokkoli waschen, trocken tupfen und kleinschneiden. In einer Pfanne 2 EL Olivenöl erhitzen und Lauchzwiebeln, Ingwer und Brokkoli 5 Minuten darin anschwitzen.

2 Für das Dressing Apfelessig, Senf, Honig und 2 EL Olivenöl verrühren, mit 2 Prisen Salz und Pfeffer würzen. Den Apfel waschen, entkernen und das Fruchtfleisch würfeln. Sonnenweizen, Apfel und Brokkoli in einer Schüssel mit dem Dressing vermengen. Den Schnittlauch waschen, trocken schütteln, kleinschneiden und untermischen.

3 Den Backofengrill auf 250 °C vorheizen. Die Tomatenrispen halbieren, behutsam waschen und in eine Auflaufform legen. Mit dem restlichen Olivenöl (2 EL) beträufeln, Puderzucker darüberstäuben und unter dem Backofengrill unter Aufsicht 5 Minuten grillen. Den Salat mit Salz und Pfeffer abschmecken und mit den gegrillten Tomaten anrichten.

> **ROSINS TIPP:** Sonnenweizen ist vorgekochter Hartweizen und besonders schnell zubereitet. Die nussig schmeckenden, bissfesten Körner lassen sich zum Beispiel durch Bulgur oder gekochten Reis variieren.

Kartoffel-Gemüse-Plätzchen mit Pilzen

> vegetarisch
> 1 Stunde

800 g	mehligkochende Kartoffeln
400 g	Champignons
1	Schalotte
100 g	Möhren
100 g	Knollensellerie
50 g	Lauch
3 EL	Olivenöl
	Salz, Pfeffer, Zucker
100 ml	Weißwein
80 g	Crème fraîche
2	Eigelb
	Muskatnuss
1 EL	Schnittlauchröllchen

1 Kartoffeln schälen und fein reiben. Champignons putzen und fein würfeln. Schalotte schälen und fein würfeln. Möhren, Sellerie und Lauch in feine Streifen schneiden. 1 EL Olivenöl in der Pfanne erhitzen und die Pilze darin anbraten. Mit Salz, Pfeffer und Zucker würzen. Die Schalotte dazugeben und anschwitzen. Mit dem Weißwein ablöschen. Crème fraîche dazugeben. Köcheln lassen, bis die Flüssigkeit fast verdunstet ist. Warm halten.

2 Die geriebenen Kartoffeln in ein Küchentuch geben und ausdrücken. Mit den Eigelben vermengen. Möhren-, Sellerie- und Lauchstreifen einarbeiten. Mit Salz, Pfeffer und geriebener Muskatnuss würzen.

3 1 EL Olivenöl in einer großen Pfanne erhitzen. 4 gehäufte EL der Kartoffelmasse nebeneinander in die Pfanne setzen und flach drücken. Bei mittlerer Hitze von beiden Seiten goldbraun braten. Herausnehmen und auf Küchenpapier entfetten. Das restliche Olivenöl (1 EL) erhitzen und noch einmal 4 Reibeplätzchen backen. Herausnehmen und auf Küchenpapier entfetten. Je 1 Reibeplätzchen auf jeden Teller legen. Die Pilze daraufgeben und mit je 1 Reibeplätzchen abdecken. Mit Schnittlauch bestreuen und sofort servieren.

ROSINS TIPP: Zwiebeln, Schalotten und Knoblauch sollten immer ganz sanft angeschwitzt werden, sodass die Flüssigkeit verdampft und der enthaltene Zucker langsam karamellisiert. Das nimmt die Schärfe und betont das deftige Aroma.

ROSTFREI

Rote-Bete-Salat mit Selleriepüree

Rote Bete erlebt seit einigen Jahren ein glänzendes Comeback – kein Wunder, die Knollen haben einen wunderbar erdigen Geschmack und eine ganz feine Säure. Dazu das Selleriepüree mit dem Röstaroma der braunen Butter und einem Hauch Chili – eine unvergleichliche Kombination. Dieses Gemüsegericht ist so raffiniert, dass man Fleisch oder Fisch garantiert nicht vermisst.

> vegetarisch
> 50 Minuten + 2 Tage marinieren

1 Für den Rote-Bete-Salat die Schalotte schälen und fein würfeln. Mit der Butter in einem Topf bei mäßiger Hitze glasig dünsten. In der Zwischenzeit die Rote Bete in grobe Würfel schneiden. Zu den Schalottenwürfeln in den Topf geben, umrühren und vom Herd nehmen. In eine Schüssel geben und abkühlen lassen. Kresse, Koriander und 1 TL Kerbel in einer Schale vermengen. Mit Salz, Pfeffer und Essigessenz würzen. Unter die Rote Bete mischen. 2 Tage abgedeckt und kalt gestellt ziehen lassen.

2 Für das Selleriepüree den Sellerie schälen und in grobe Würfel schneiden. Selleriewürfel und 400 ml Gemüsebrühe in einen Topf geben und aufkochen. Etwa 10 Minuten köcheln lassen. Selleriewürfel durch ein Sieb abgießen. Mit 100 g Butter und der Crème fraîche in eine Schüssel geben und mit dem Stabmixer pürieren. Mit Salz, Pfeffer und Zucker abschmecken. Warm halten.

3 Restliche Butter (125 g) in einen Topf geben und erhitzen, bis die Butter nicht mehr schäumt und bräunt. Sofort durch ein Stück Küchenpapier in eine kleine Metallschüssel abgießen. Mit dem Stabmixer restliche Gemüsebrühe (50 ml) und Zitronensaft untermengen. Vorsichtig mit Cayennepfeffer würzen.

4 Frittieröl erhitzen – das geht auch in einem Topf, die Schalotten müssen aber auf jeden Fall im Fett schwimmen. Schalotten schälen und fein würfeln. Mit dem Mehl, 1 Messerspitze Salz, 1 TL Zucker und 1 Prise Pfeffer vermengen. Im heißen Öl knusprig frittieren, dann herausnehmen und auf Küchenpapier abtropfen lassen.

5 Zum Servieren das Selleriepüree auf tiefe Teller verteilen, darauf den Rote-Bete-Salat geben. Mit der braunen Butter beträufeln und die Schalotten und 1 TL Kerbel darüberstreuen.

ROTE-BETE-SALAT

1	Schalotte
50 g	Butter
600 g	geschälte, gegarte Rote Bete
50 g	gemischte Kresse
2 TL	gehackte Korianderblätter
2 TL	gehackte Kerbelblätter
	Salz, Pfeffer
2 EL	Essigessenz

SELLERIEPÜREE

700 g	Knollensellerie
450 ml	Gemüsebrühe
225 g	weiche Butter
50 g	Crème fraîche
	Salz, Pfeffer, Zucker
	Saft von 1 Zitrone
	Cayennepfeffer
	Rapsöl zum Frittieren
6	Schalotten
2 EL	Mehl

ROSINS TIPP: Die Rote Bete eventuell vor dem Servieren mit etwas Essigessenz nachsäuern. Sie verliert nämlich beim Durchziehen an Säure. Essigessenz deswegen, weil sie mehr Kraft hat als z. B. Weißweinessig und keinen Eigengeschmack mitbringt.

Grünkohleintopf mit Kasseler und Mettwurst

Von Eintöpfen immer am besten gleich die doppelte Menge kochen – aufgewärmt schmecken sie einfach noch besser.

> einfach
> 35 Minuten + 1 Stunde 50 Minuten kochen

- 400 g Grünkohl
- 2 l Gemüsebrühe
- 500 g Kasseler mit Knochen
- 2 Gewürznelken
- 2 Lorbeerblätter
- 6 Schalotten
- 150 g Möhren
- 100 g mehligkochende Kartoffeln
- 200 g geklärte Butter (siehe Seite 219)
- 4 Mettwürste (à etwa 100 g)
- 1 Messerspitze gemahlener Piment
- Salz, Zucker
- Muskatnuss

1 Vom Grünkohl die dicken Blattrippen entfernen. Die Gemüsebrühe in einen Topf geben, aufkochen und den Grünkohl etwa 3 Minuten darin blanchieren. Grünkohl herausnehmen. Kasseler, Gewürznelken und Lorbeerblätter in die Brühe geben und 30 Minuten köcheln lassen.

2 In der Zwischenzeit den blanchierten Grünkohl fein hacken. Schalotten schälen und fein würfeln. Möhren und Kartoffeln schälen und in 1 cm große Würfel schneiden. Kasseler aus der Brühe nehmen, das Fleisch von den Knochen lösen und klein schneiden.

3 Geklärte Butter in einem Topf erhitzen. Schalotten darin glasig dünsten. Kasselerfleisch und Grünkohl hinzufügen. Mit der Kochbrühe aufgießen. Aufkochen und 1 Stunde köcheln lassen. Möhren- und Kartoffelwürfel sowie die Mettwürste und den Piment dazugeben und weitere 20 Minuten köcheln lassen.

4 Vor dem Servieren die Mettwürste aus dem Grünkohl nehmen, klein schneiden und wieder hineingeben. Eintopf mit Salz, Zucker und geriebener Muskatnuss abschmecken und auf Teller verteilen.

ROSINS TIPP: Das Braten in geklärter Butter hat gegenüber den meisten Pflanzenölen den Vorteil, dass sie sich stark erhitzen lässt, ohne zu verbrennen. Außerdem bringt sie einen zarten Buttergeschmack mit.

Blumenkohl mit polnischer Butter

> vegetarisch
> 50 Minuten

- 1 großer Blumenkohl
- 2 EL Olivenöl
- Salz
- ½ TL gemahlene Kurkuma
- ½ TL geräuchertes Paprikapulver
- Zucker
- 4 Eier
- 2 Scheiben Sauerteigbrot, gern altbacken
- 4 Thymianzweige
- 75 g Butter
- ½ Bund glatte Petersilie
- Pfeffer

1 Den Backofen auf 175 °C Ober-/Unterhitze vorheizen. Den Blumenkohl waschen, putzen und in Röschen teilen. Auf einem Backblech verteilen. Olivenöl mit ½ TL Salz, Kurkuma, Paprikapulver und 1 Prise Zucker verrühren. Die Blumenkohlröschen damit einstreichen und im vorgeheizten Backofen (Mitte) 20 Minuten garen.

2 In der Zwischenzeit die Eier 8 Minuten hart kochen. Die Brotscheiben grob würfeln. Den Thymian waschen, trocken tupfen und die Blättchen abzupfen. Brot und Thymian in der Küchenmaschine zu groben Bröseln zerkleinern. Die Butter in einer Pfanne zerlassen, die Thymianbrösel hinzugeben, vermengen und 2 Minuten erhitzen.

3 Die Ofentemperatur auf 200 °C erhöhen. Die Brotmischung über dem Blumenkohl verteilen und noch 10 Minuten im Backofen fertig garen. Währenddessen die Petersilie waschen, trocken tupfen und samt Stielen hacken. Die Eier pellen und vierteln.

4 Den Blumenkohl mit den Eiern anrichten, mit Pfeffer würzen und die Petersilie darüberstreuen.

ROSINS TIPP: Servieren Sie den Blumenkohl mit den konfierten Kartoffeln (siehe Seite 148) oder den krossen Reibeplätzchen (siehe Seite 165).

Wirsingrouladen mit Polenta

Es muss nicht immer Hack sein! Bei dieser vegetarischen Variante des Klassikers bekommt Polenta, eine aus Maisgrieß zubereitete Füllung, ihren Auftritt.

> vegetarisch
> 50 Minuten

4	Wirsingblätter
2	Zweige Rosmarin
3 EL	Butter
300 ml	Gemüsebrühe
100 g	Polenta (Maisgrieß)
50 g	Manchego
2	Eier
	Salz, Pfeffer
1	Zwiebel
1	mittlere mehligkochende Kartoffel
1	Petersilienwurzel
1	kleine Stange Lauch
50 ml	Weißwein
500 ml	Gemüsebrühe
2 EL	Crème fraîche
	Muskatnuss

1 Die Wirsingblätter 3 Minuten in kochendem Salzwasser blanchieren. Herausnehmen, abtropfen lassen und in Eiswasser abschrecken. Auf ein sauberes Küchentuch legen und gründlich trocken tupfen. Die dicken Blattrippen v-förmig herausschneiden.

2 Für die Füllung den Rosmarin waschen, trocken tupfen, die Nadeln abzupfen und hacken. In einem Topf 1 EL Butter zerlassen, den Rosmarin darin anschwitzen und mit der Brühe aufgießen. Die Polenta einrühren und bei niedriger Hitze 5 Minuten quellen lassen. In der Zwischenzeit den Manchego reiben. Eier und geriebenen Manchego unter die Polenta rühren, mit Salz und Pfeffer würzen. Zum Abkühlen beiseitestellen.

3 Für die Sauce die Zwiebel schälen, das Gemüse waschen und putzen bzw. schälen. Alles klein schneiden. In einem Topf die restliche Butter (2 EL) zerlassen, Zwiebel und Gemüse darin anschwitzen. Mit Weißwein ablöschen, die Brühe angießen und das Gemüse abgedeckt 20 Minuten bei niedriger Hitze garen. Dann die Crème fraîche zur Sauce geben, das Gemüse fein pürieren und die Sauce mit Salz und Muskat abschmecken.

4 Die Wirsingblätter mit der Polenta füllen, aufrollen und mit Küchengarn binden. Die Rouladen in einer Pfanne in der übrigen Butter (1 EL) von allen Seiten anbraten. Mit der Sauce servieren.

Gebackene Austernpilze mit Kürbisgemüse

Wer Schnitzel mag wird diese gebackenen Austernpilze lieben. Sie sehen nicht nur köstlich aus, sondern sind eine würdige vegetarische Alternative. Sie passen übrigens auch zu klassischem Kartoffelsalat.

> vegetarisch
> 50 Minuten

- 1 Butternut-Kürbis
- 1 rote Zwiebel
- 1 TL Koriandersamen
- 1 kleine Chilischote
- 1 EL Olivenöl
- 12 Austernpilze
- Salz, Pfeffer
- 2 Eier
- 3 EL Sahne
- ½ TL geräuchertes Paprikapulver
- 75 g Mehl
- 150 g Semmelbrösel
- 150 g Butterschmalz
- 2 EL Sonnenblumenkerne
- 2 EL getrocknete Cranberrys
- 100 ml Gemüsebrühe
- 1 Zitrone
- 4 Kapernäpfel
- 2 Stängel glatte Petersilie

1 Den Kürbis schälen, entkernen und klein würfeln. Die Zwiebel schälen und würfeln. Den Koriander im Mörser zerstoßen. Die Chilischote waschen, trocken tupfen, entkernen und hacken. In einer Pfanne das Olivenöl erhitzen und die Kürbiswürfel mit Zwiebel, Koriander und Chili 5 Minuten anrösten.

2 Inzwischen die Austernpilze putzen, dann mit Salz und Pfeffer würzen. Die Eier mit Sahne und Paprikapulver in einer Schale verquirlen, Mehl und Semmelbrösel jeweils auf einen Teller geben. Das Butterschmalz in einer tiefen Pfanne erhitzen. Die Pilze in Mehl wenden, durch die Ei-Sahne-Mischung ziehen und in den Semmelbröseln panieren, dann im heißen Butterschmalz schwimmend goldbraun und knusprig ausbacken. Herausnehmen und auf Küchenpapier abtropfen lassen.

3 Sonnenblumenkerne und Cranberrys zum Kürbis geben und 1–2 Minuten mit anschwitzen. Die Gemüsebrühe angießen und das Gemüse mit Salz, Pfeffer und einem Spritzer Zitronensaft würzen. Abgedeckt 5 Minuten bei schwacher Hitze gar ziehen lassen. Die gebackenen Austernpilze auf dem Kürbisgemüse anrichten und mit Zitronenspalten, Kapern und Petersilie servieren.

Feines Kartoffelgulasch mit Pfifferlingen

> vegetarisch
> 55 Minuten

1 kg	kleine festkochende Kartoffeln
2	Schalotten
1	Knoblauchzehe
2 EL	Butter
500 ml	Gemüsebrühe
1	Lorbeerblatt
	Salz
200 g	frische Pfifferlinge
4	Thymianzweige
	Pfeffer
3	Lauchzwiebeln
100 g	Sahne
	Muskatnuss

1 Die Kartoffeln waschen, schälen und längs vierteln. Schalotten und Knoblauch schälen und fein würfeln. In einem Topf 1 EL Butter zerlassen, Schalotten und Knoblauch darin hell anschwitzen. Die Kartoffeln zugeben, ebenfalls 1–2 Minuten anschwitzen. Brühe, Lorbeer und 1 TL Salz hinzufügen und abgedeckt bei mittlerer Hitze 15 Minuten garen.

2 Die Pfifferlinge trocken abreiben und mit einer Pilzbürste von Erdresten befreien. Größere Pilze halbieren. Die übrige Butter (1 EL) in einer Pfanne zerlassen und die Pfifferlinge darin 5 Minuten unter Wenden braten. Den Thymian waschen, trocken tupfen, die Blätter abzupfen und zu den Pfifferlingen geben. Mit Salz und Pfeffer würzen.

3 Die Lauchzwiebeln putzen, waschen und in dünne Ringe schneiden. Beiseitestellen. Die Sahne zum Kartoffelgulasch geben, erneut aufkochen und 5 Minuten fertig garen. Das Lorbeerblatt entfernen. Die Pfifferlinge zugeben und das Gulasch mit Salz und Muskat würzig abschmecken. Mit Lauchzwiebeln bestreut servieren.

ROSINS TIPP: Pfifferlinge besitzen ein leicht pfeffriges, intensives Pilzarmoma. Außerhalb der Saison können Sie Champignons oder Steinpilze dafür verwenden. Ebenso verfeinern getrocknete Morcheln, die vor der Zubereitung eingeweicht werden, das Gulasch perfekt.

Spargel im **Bärlauch-Pfannkuchen** mit Zitronenhollandaise

> vegetarisch
> 50 Minuten

1 Den Spargel waschen, schälen und mit Zucker, Saft von ½ Zitrone, Olivenöl, 2 Prisen Salz und Pfeffer marinieren. Abgedeckt im Kühlschrank 2 Stunden durchziehen lassen.

2 Für die Pfannkuchen den Bärlauch waschen, trocken tupfen und in grobe Stücke hacken. Mit der Milch in einem hohen Mixbecher fein pürieren und durch ein Sieb passieren. In einer großen Schüssel Mehl und Eier mit der Bärlauchmilch glatt rühren und mit 2 Prisen Salz würzen. 50 g Butter zerlassen, 2 EL davon in den Pfannkuchenteig geben. Abgedeckt 10 Minuten ruhen lassen.

3 Den Spargel aus der Marinade nehmen, abtropfen lassen und in einer heißen Grillpfanne rundum anbraten, bis schöne Streifen entstanden sind. Zuletzt die Marinade zugeben und einkochen lassen. Den Spargel abgedeckt beiseitestellen.

4 Für die Hollandaise die restliche Butter (150 g) in einem Topf zerlassen. Die Schalotte schälen, in Streifen schneiden. In einem zweiten Topf Weißwein, Schalottenstreifen, zerdrückten Pfeffer, zwei breite Streifen Zitronenschale, 50 ml Zitronensaft und 50 ml Wasser aufkochen. Auf ein Drittel einkochen. Die Eigelbe in eine Metallschüssel geben und die Mischung durch ein Sieb hinzugießen, verrühren und über einem heißen Wasserbad dickschaumig aufschlagen. Anschließend die lauwarme Butter in einem dünnen Strahl zugeben und einrühren, bis eine dickflüssige Sauce entstanden ist. Die Hollandaise mit gehacktem Zitronenthymian, Salz und Cayennepfeffer würzen. Abgedeckt warmstellen.

5 Eine flache Pfanne erwärmen, mit Butter einstreichen und die Bärlauchpfannkuchen darin nacheinander ausbacken. Die Pfannkuchen mit dem Spargel füllen, aufrollen und mit Hollandaise überziehen. Thymianblättchen darüberstreuen.

12	Stangen weißer Spargel
1 TL	Zucker
1 ½	Bio-Zitronen
2 EL	Olivenöl
	Salz
	frisch gemahlener schwarzer Pfeffer
8–10	Blätter Bärlauch
400 ml	Milch
200 g	Weizenmehl (Type 405)
3	Eier
2	Eigelb
200 g	Butter
1	Schalotte
75 ml	Weißwein
5	weiße Pfefferkörner
5	Zweige Zitronenthymian + mehr zum Garnieren
	Cayennepfeffer

Mangoldstrudel mit Paprikaschaum

> vegetarisch
> 30 Minuten + 30 Minuten backen

500 g	Mangold
60 g	Butter
	Salz, Pfeffer
	Muskatnuss
2	rote Paprika
1	Schalotte
1	Knoblauchzehe
1 EL	Olivenöl
50 ml	Weißwein
150 ml	Gemüsebrühe
50 g	Parmesan
1	Ei
40 g	zarte Haferflocken
3	Strudelteigblätter
100 g	Frischkäse
½	Zitrone

1 Für die Füllung den Mangold waschen und putzen. Die Blätter zunächst von den Stielen befreien, anschließend beides getrennt klein schneiden. 1 EL Butter in einer Pfanne erhitzen und die Mangoldstiele 2–3 Minuten darin anschwitzen. Die Blätter zugeben und weitere 2 Minuten anschwitzen. Mit Salz, Pfeffer und Muskatnuss würzen. In eine Schüssel umfüllen und lauwarm abkühlen lassen.

2 Inzwischen für die Sauce die Paprika waschen, entkernen und in grobe Stücke schneiden. Schalotte und Knoblauch schälen und würfeln. Olivenöl in einem Topf erhitzen und Schalotte und Knoblauch mit der Paprika darin anschwitzen. Mit Weißwein ablöschen und 2 Minuten einkochen. Brühe angießen, mit Salz und Pfeffer würzen und abgedeckt 15 Minuten garen.

3 Den Backofen auf 200 °C Ober-/Unterhitze vorheizen und ein Backblech mit Backpapier belegen. Den Parmesan fein reiben, mit Ei und Haferflocken zum Mangold geben. Kräftig mit Salz und Pfeffer würzen und vermengen. Die Strudelteigblätter jeweils dünn mit flüssiger Butter bestreichen und übereinanderlegen. Mangoldfüllung im unteren Drittel an der langen Seite verteilen, Strudelteig seitlich nach innen einschlagen und aufrollen. Den Strudel auf das Backblech legen und die Oberfläche ebenso mit Butter bestreichen. Im vorgeheizten Backofen (Mitte) 25–30 Minuten goldbraun backen.

4 In der Zwischenzeit den Frischkäse zur Sauce geben, alles fein pürieren und durch ein Sieb streichen. Mit Salz, Pfeffer und einem Spritzer Zitronensaft abschmecken. Den Strudel in Stücke schneiden und mit der Sauce anrichten.

Fleisch und Geflügel

Kapern-Rosmarin-Frikadellen mit Pellkartoffelsalat

Diesen Kartoffelsalat gab es immer in der Pommesbude meiner Mutter – er war dort der Renner. Die Kapern-Rosmarin-Frikadellen aus feinem Kalbfleisch machen aus einem einfachen Gericht etwas ganz Besonderes.

> braucht Vorbereitung
> 1 Stunde 15 Minuten + 5 Stunden marinieren

KARTOFFELSALAT
- 500 g festkochende Kartoffeln
- Salz
- Lorbeerblätter
- Kümmelsamen
- 6 Eier
- 150 g Gewürzgurken
- 2 Schalotten
- 120 ml Mayonnaise (siehe Seite 218)
- Gurkensud
- Pfeffer
- 1 Bund Schnittlauch

FRIKADELLEN
- 2 altbackene Brötchen
- 1 guter Schuss Milch
- 3 Schalotten
- 1 Handvoll Rosmarinnadeln
- 4 EL Kapern
- 1 kg Kalbshackfleisch
- 3 EL Rapsöl
- 2 Eier
- 2 EL Senf
- Salz, Pfeffer

1 Für den Kartoffelsalat die Kartoffeln mit Wasser, Salz, Lorbeerblättern und Kümmelsamen in einen Topf geben. Aufkochen und Kartoffeln etwa 20 Minuten garen. Abgießen, ausdämpfen lassen und pellen. Eier hart kochen und schälen. Eier und Gewürzgurken in grobe Würfel schneiden. Schalotten schälen und fein würfeln. Kartoffeln in Scheiben schneiden.

2 Alle vorbereiteten Zutaten in einer Schüssel mit der selbst gemachten Mayonnaise vermengen. Mit etwas Gurkensud, Salz und Pfeffer abschmecken. Am besten über Nacht, mindestens aber 5 Stunden im Kühlschrank durchziehen lassen. Vor dem Servieren noch einmal mit Salz, Pfeffer und Gurkensud abschmecken.

3 Für die Frikadellen Brötchen klein schneiden und 20 Minuten in der Milch einweichen. Schalotten schälen und fein würfeln. Rosmarin und Kapern fein hacken. Hackfleisch in eine Schüssel geben. 1 EL Öl in einer Pfanne erhitzen und die Schalotten glasig dünsten. Brötchen gut ausdrücken. Brötchen, Schalotten, aufgeschlagene Eier, Senf, Rosmarin und Kapern zum Hackfleisch geben und alles gut vermengen. Mit Salz und Pfeffer abschmecken.

4 Restliches Öl (2 EL) in einer großen Pfanne erhitzen. Aus der Hackmasse 12 Frikadellen formen und bei mittlerer Hitze von beiden Seiten goldbraun braten. Schnittlauch in feine Röllchen schneiden, zum Kartoffelsalat geben und gut vermengen. Mit den Frikadellen servieren.

ROSINS TIPP: Eine feine Art des Aromatisierens: Kümmel und Lorbeerblatt im Kochwasser geben ihr Aroma an die Kartoffeln ab. Funktioniert auch bei Nudeln: Statt Knoblauch an ein Dressing für Nudelsalat zu geben, gart man ihn mit der Pasta.

Perfekt gegartes **Rinderfilet**

Egal, wie oft darüber schon gesprochen wurde – wie man Rinderfilet perfekt gart, ist immer noch die von Hobbyköchen und Hausfrauen am häufigsten gestellte Frage im Bereich Kochwissen. Mit diesem Rezept wird sie ein für alle Mal beantwortet. Und: Die Pfanne muss richtig heiß sein, sonst läuft beim Anbraten der Saft aus dem Fleisch. Das Fleisch wird dann nicht braun, sondern schmort in der Pfanne vor sich hin, obwohl das Garen langsam und schonend im Backofen geschehen sollte.

> einfach
> 25 Minuten

4 Scheiben Rinderfilet (à 200 g)
Pfeffer
Kräutersalz (siehe Seite 219)
1 EL Olivenöl
5 Knoblauchzehen
1 EL Butter
2 Rosmarinzweige

1 Den Backofen auf 100 °C Umluft vorheizen. Filets mit Pfeffer und Kräutersalz würzen. Eine Pfanne erhitzen, das Olivenöl hineingeben und das Fleisch darin von beiden Seiten etwa 1 Minute scharf anbraten, sodass es eine schöne Farbe bekommt. Aus der Pfanne nehmen und auf ein Backblech legen.

2 Knoblauchzehen mit einem Messer etwas flach drücken. Butter in die Pfanne geben und Rosmarinzweige und Knoblauchzehen kurz darin schwenken. Rosmarin und Knoblauch auf den Filets verteilen. Backblech auf die mittlere Schiene in den Ofen schieben und die Filets etwa 10 Minuten garen. Herausnehmen und vor dem Servieren etwa 5 Minuten ruhen lassen.

ROSINS TIPP: Lecker dazu sind gebratene Drillinge. 12 Drillinge (kleine Kartoffeln) in einen Topf mit Salzwasser geben. ½ Knoblauchzehe und 2 Rosmarinzweige dazugeben. Aufkochen und in 10–15 Minuten gar kochen. Kartoffeln abgießen und ausdämpfen lassen. Eine Pfanne mit 2 EL Olivenöl erhitzen. Die Drillinge halbieren und mit der Schnittfläche nach unten kross anbraten. Das Olivenöl aus der Pfanne gießen. Drillinge mit Salz, 100 ml Tomatensalsa (siehe Seite 218) und gehacktem Rosmarin würzen und servieren.

Sauerbraten nach Art der Familie Rosin

Das ist das traditionelle Weihnachtsessen der Familie Rosin. Bei uns gibt es immer Klöße und eingelegte Birnen dazu. Das Wichtigste beim Sauerbraten: schön lange marinieren, damit die Säure das Fleisch mürbe macht.

> braucht Vorbereitung
> 1 ½ Stunden + 3 Tage marinieren + 3 Stunden schmoren

170 g	Möhren
170 g	Knollensellerie
170 g	Lauch
4	Lorbeerblätter
3	Gewürznelken
1 ½ l	Rotwein
1 ½ l	Rotweinessig
1 EL	Salz
10	Pfefferkörner
8	Wacholderbeeren
1 kg	Rinderbraten aus der Wade
4 EL	Rapsöl
2 EL	Tomatenmark
700 ml	Fleischbrühe
4	Schalotten
4 EL	Zucker
700 ml	roter Portwein
80 g	kalte Butter, in Stücken

1 Möhren und Sellerie schälen und fein würfeln. Lauch ebenfalls fein würfeln. Gemüse, Lorbeerblätter, Gewürznelken, Rotwein, Rotweinessig, Salz, Pfefferkörner und Wacholderbeeren in einen großen Topf geben. Aufkochen, vom Herd nehmen und über den Rinderbraten gießen. Sauerbraten zugedeckt 3 Tage im Kühlschrank marinieren lassen.

2 Fleisch aus der Marinade nehmen. Marinade durch ein Sieb abgießen. Gemüse, Gewürze und Marinade beiseitestellen. 3 EL Öl in einem großen Schmortopf erhitzen und den Braten von allen Seiten scharf anbraten. Fleisch wieder aus dem Topf nehmen. Gemüse und Gewürze aus der Marinade hineingeben und anrösten. Tomatenmark dazugeben und 2 Minuten mitrösten lassen. Mit der Hälfte der Marinade und der Fleischbrühe ablöschen. Fleisch in den Fond legen und 2–3 Stunden schmoren lassen, eventuell zwischendurch Marinade nachgießen.

3 Kurz vor dem Ende der Garzeit Schalotten schälen und fein würfeln. 1 EL Rapsöl in einer Pfanne erhitzen. Schalottenwürfel darin glasig dünsten. Mit Zucker bestreuen und unter Rühren karamellisieren. Mit Portwein ablöschen und alles stark einkochen lassen.

4 Gegarten Rinderbraten aus dem Schmorfond nehmen. Fleisch abkühlen lassen und in Scheiben schneiden. Bratenfond durch ein Sieb passieren und zur Portweinreduktion geben. Flüssigkeit auf 500 ml einkochen lassen.

5 Kurz vor dem Servieren die kalten Butterstücke nach und nach mit einem Schneebesen in den Bratenfond rühren, um die Sauce zu binden. Noch einmal mit Salz und Zucker abschmecken. Die Bratenscheiben in die Sauce geben und erwärmen. Auf Teller verteilen und sofort servieren.

> **ROSINS TIPP:** Das Marinieren macht nicht nur das Fleisch mürbe, sondern gibt der Sauce ihre Kraft. Durch die Wärme dringen die Aromen besser ein. Man sollte Marinaden, so wie alles im Kühlschrank, immer mit Frischhaltefolie abdecken oder in Frischhalteboxen lagern, weil sich die Aromen sonst auf andere Lebensmittel übertragen.

Tafelspitz mit Meerrettich und Apfel

Durch das Garen in Fleischbrühe bekommt der Tafelspitz richtig Würze. Und der konzentrierte Rinderfond, der dabei entsteht, macht jeden Koch glücklich, der damit kräftige Suppen und Saucen ansetzen kann.

> verlangt Übung
> 1 Stunde + 3 Stunden kochen

5 l	Fleischbrühe
2 kg	Tafelspitz
2	Lorbeerblätter
2	Gewürznelken
5	Pimentkörner
10	Pfefferkörner
2	Möhren
½	Knollensellerie
1	Zwiebel
1	Knoblauchzehe
½	Stange Lauch
1	Handvoll Kerbelblätter
1	Schalotte
½	Meerrettichwurzel
1	Apfel
1 EL	Butter
250 g	Crème fraîche
	Salz, Pfeffer

1 Die Fleischbrühe in einen hohen Topf geben und auf etwa 90 °C erwärmen. Tafelspitz in die Brühe legen. Lorbeerblätter, Gewürznelken, Piment- und Pfefferkörner dazugeben. Das Fleisch 1 ½ Stunden ziehen lassen.

2 Möhren, Sellerie, Zwiebel und Knoblauch schälen und fein würfeln. Lauch fein schneiden. Gemüse und Kerbel in den Topf geben. Tafelspitz noch einmal 1 ½ Std. ziehen lassen. Dann das Fleisch aus dem Topf nehmen und 15 Minuten ruhen lassen. Kurz vor dem Servieren in 1 cm dicke Scheiben schneiden.

3 Schalotte schälen und fein würfeln. Meerrettich schälen. Apfel halbieren und das Kerngehäuse entfernen. Butter in einer Pfanne erhitzen. Schalottenwürfel darin glasig dünsten. Etwas Tafelspitzbrühe angießen und die Crème fraîche einrühren. 5 Minuten köcheln lassen. Vom Herd nehmen, mit Salz und Pfeffer abschmecken und mit dem Stabmixer schaumig pürieren. Tafelspitzscheiben auf die Teller geben. Meerrettich und Apfel über das Fleisch reiben. Die Sauce darüberlöffeln.

ROSINS TIPP:
Die Brühe durch ein Sieb abgießen und mit ein bisschen Gemüse als Vorspeise servieren. Sollte sie zu kräftig sein, mit etwas Wasser verdünnen.

Kalbsgeschnetzeltes mit aromatischer Weißweinsauce

In meiner Ausbildung zum Koch in den 1980er-Jahren haben wir dieses Gericht praktisch eimerweise zubereitet. Zürcher Geschnetzeltes mit Rösti war damals der Inbegriff der gutbürgerlichen Küche. Heute ist das Geschnetzelte irgendwie in der Versenkung verschwunden. Eigentlich schade!

> schnell
> 25 Minuten

1 Den Kalbsrücken erst in 5 mm dicke Scheiben und dann in 1 cm breite Streifen schneiden. Mit Salz und Pfeffer würzen. Schalotte schälen und fein würfeln. Champignons fein würfeln.

2 Rapsöl in einer Pfanne erhitzen. Fleisch darin anbraten und sofort wieder herausnehmen. Die Champignons in die Pfanne geben und anbraten. Schalottenwürfel hinzufügen. Mit Weißwein ablöschen, die Bratensauce dazugeben und alles 5 Minuten sämig einkochen lassen.

3 Den Frischkäse hineinrühren und die Sauce mit Salz und Pfeffer abschmecken. Die angebratenen Fleischstreifen in der Sauce erwärmen. Auf Teller verteilen und sofort mit etwas Petersilie bestreut servieren.

500 g	Kalbsrücken
	Salz, Pfeffer
1	Schalotte
400 g	Champignons
2 EL	Rapsöl
150 ml	Weißwein
100 ml	Bratensauce (z. B. vom Gulasch, Seite 98, oder von den Ochsenbacken, Seite 103)
200 g	Frischkäse
1 TL	gehackte Petersilie

> **ROSINS TIPP:** Die kräftige Bratensauce wird gebraucht, weil der Kalbsrücken nicht zu lang braten darf. Sonst wird er trocken. Deswegen kann er auch nicht genug Geschmack für die Sauce liefern. Lecker dazu statt der üblichen Rösti: Reibeplätzchen (Rezept auf Seite 165)!

Gulasch mit Paprika-Tomaten-Topping

Gulasch gab es bei uns zu Hause fast jede Woche. Meine Mutter machte dazu immer Gurkensalat, den ich mir auf das Gulasch packte und dann mit den Kartoffeln vermanschte. Heute weiß ich, dass die Säure vom Gurkensalat der Gulaschsauce eine ganz besondere Note gab, und habe das natürlich in meinem Rezept umgesetzt.

> braucht Zeit
> 2 Stunden + 1 ½ Stunden schmoren

12	Schalotten
4 EL	Olivenöl
1 ½ kg	Gulaschfleisch (halb Rind, halb Schwein)
2 EL	Tomatenmark
500 ml	Rotwein
700 ml	Gemüse- oder Fleischbrühe
2	Lorbeerblätter
2	Gewürznelken
	Salz, Pfeffer
	rosenscharfes Paprikapulver
2 EL	Speisestärke
2	rote Paprika
5	Tomaten
	Zucker

1 Schalotten schälen und in feine Scheiben schneiden. 3 EL Olivenöl in einem großen Topf erhitzen. Fleisch darin sehr scharf anbraten. Die Schalotten dazugeben und alles 10–15 Minuten bei starker Hitze weiterbraten. Bildet sich Bratensatz, ist das nicht schlimm, er löst sich beim Ablöschen wieder.

2 Tomatenmark unterrühren. Zuerst mit Rotwein, dann mit der Brühe ablöschen und rühren, bis der Bratensatz sich vollständig gelöst hat. Lorbeerblätter und Nelken dazugeben. Mit Salz, Pfeffer und Paprikapulver würzen. Das Gulasch etwa 1 ½ Stunden schmoren lassen, bis das Fleisch weich ist.

3 Gulasch durch ein Sieb abgießen. Die Sauce in einem Topf auffangen. Speisestärke mit etwas Wasser anrühren und in den Topf geben. Sauce erneut aufkochen und einkochen lassen, bis sie richtig kräftig schmeckt. Dann das Fleisch wieder in die Sauce zurückgeben.

4 Paprika schälen, entkernen und in 2 cm große Würfel schneiden. Tomaten mit kochendem Wasser blanchieren und häuten. Dann vierteln und entkernen. Kurz vor dem Servieren das restliche Olivenöl (1 EL) in einer Pfanne erhitzen. Die Paprika etwa 3 Minuten darin anbraten, dann die Tomaten dazugeben. Mit Salz und Zucker abschmecken. Das Gulasch auf Teller verteilen und das Tomaten-Paprika-Gemüse darübergeben.

ROSINS TIPP: Ein guter Metzger weiß, welches Fleisch eine gute Sauce gibt. Deshalb immer beraten lassen. Die Schmorzeit für das Gulasch hängt vom Fleisch ab und kann von der angegebenen Zeit abweichen. Restliche Sauce einfrieren und für das Geschnetzelte (siehe Seite 97) aufheben, am besten gleich die 1½-fache Menge Sauce zubereiten und einfrieren.

Schweineschnitzel in knuspriger Kräuterpanade

> einfach
> 35 Minuten

1 Das Fleisch zwischen zwei Lagen Frischhaltefolie dünn plattieren. Auf die Arbeitsfläche legen. Mit Salz und Pfeffer würzen und mit Senf bestreichen. Die Eier in eine Schüssel aufschlagen, mit Salz und Pfeffer würzen. Mit etwas Mineralwasser verquirlen.

2 Salbeiblätter in feine Streifen schneiden. Panko- oder Semmelbrösel auf einem Teller mit Salbei, Rosmarin und Thymian vermischen. Das Mehl auf einen flachen Teller geben. Das Erdnussöl in einer großen Pfanne erhitzen.

3 Die Schnitzel von beiden Seiten ins Mehl drücken und abklopfen. Dann durch das Ei ziehen und mit den Kräuterbröseln panieren. Im Erdnussöl von beiden Seiten goldbraun braten. Herausnehmen und auf Teller legen. Zitronen halbieren. Schnitzel mit Zitronensaft beträufeln und leicht pfeffern. Zitronenhälften dazu servieren.

4	Scheiben Schweinerücken (à etwa 150 g)
	Salz, Pfeffer
2 EL	Senf
6	Eier
	Mineralwasser
3	große Salbeiblätter
300 g	Panko-Brösel (ersatzweise Semmelbrösel)
2 EL	Rosmarinnadeln
1 EL	Thymianblätter
50 g	Mehl
	Erdnussöl
2	Zitronen

ROSINS TIPP: Die Panade schützt das Fleisch vor dem Austrocknen. Statt Panko-Bröseln kann man auch zerdrückte Cornflakes nehmen. Kinder mögen das gern, weil die Panade damit richtig kross wird. Das Erdnussöl kann durch ein anderes hitzebeständiges Pflanzenöl oder durch Butterschmalz ersetzt werden.

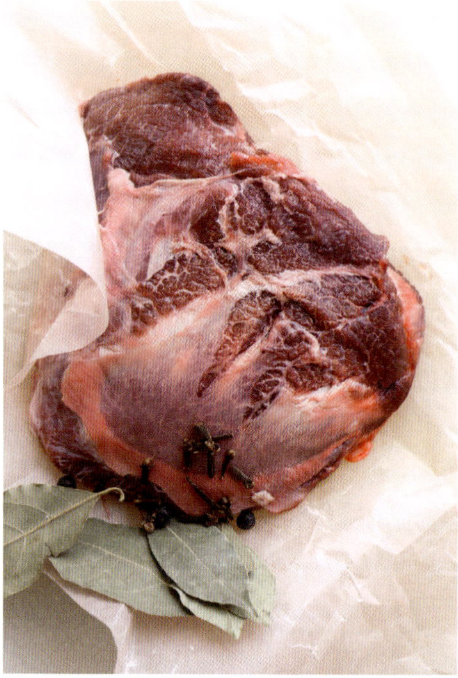

Geschmorte **Ochsenbacken** mit Weinsauce

Dieses Gericht haben wir im Restaurant oder auf Veranstaltungen bestimmt schon zwanzigtausendmal verkauft. Es ist die perfekte Symbiose von deftiger Küche und feinen Aromen. Total schmackofatz – wenn ich das ausnahmsweise mal so sagen darf. Das Allerbeste ist dabei die Sauce. Aus keinem anderen Fleischstück bekommt man so eine kräftige und natürliche Sauce wie aus der Ochsenbacke. Dazu schmeckt Kartoffelstampf (siehe Seite 161).

> lässt sich gut vorbereiten
> 45 Minuten + 3 Stunden kochen

- 100 g Möhren
- 100 g Knollensellerie
- 100 g Lauch
- 5 EL Rapsöl
- 2 Ochsenbacken mit Fettdeckel (à etwa 1 kg)
- 80 g Tomatenmark
- 1 l Rotwein
- 1 l Portwein
- 2 l Fleischbrühe
- 1 Rosmarinzweig
- 2 Lorbeerblätter
- Salz, Zucker

1 Möhren und Sellerie schälen und grob zerkleinern. Den Lauch in Stücke schneiden. Das Öl in einem Schmortopf erhitzen. Die Ochsenbacken darin von allen Seiten scharf anbraten. Tomatenmark und vorbereitetes Gemüse 5 Minuten mitrösten. Rotwein und Portwein angießen. Umrühren und den Bodensatz lösen. Die Fleischbrühe angießen. Alles aufkochen und bei niedriger Hitze etwa 3 Stunden kochen lassen, bis die Ochsenbacken gar sind.

2 Die Ochsenbacken aus dem Topf nehmen und beiseitestellen. Den Bratenfond durch ein Sieb in einen Topf passieren. Rosmarin und Lorbeerblätter dazugeben. Erneut aufkochen und die Sauce so lange reduzieren lassen, bis sie eine schöne Konsistenz hat. Das dauert etwa 20 Minuten. Die Sauce noch einmal durch ein Sieb passieren. Mit Salz und Zucker abschmecken. Warm halten.

3 Kurz vor dem Servieren die abgekühlten Ochsenbacken von Fett befreien und in 4 Portionen schneiden. Das Fleisch in der Sauce erwärmen und servieren.

ROSINS TIPP: Unbedingt während des Schmorens den Fettdeckel an den Ochsenbacken lassen, da das Fett ein unglaublich toller Geschmacksträger ist. Die Sauce findet auch bei anderen Rezepten gute Verwendung (z. B. Kalbsgeschnetzeltes, siehe Seite 97).

Geschmorte **Kaninchenkeulen** mit Kartoffeln und Paprika

Wenn man Kaninchen behutsam gart, wird es nicht trocken, sondern bleibt saftig und sehr aromatisch. Bei diesem Rezept geben Paprikasalami und Kapern dem Fleisch zusätzlich Würze.

> gart im Backofen
> 40 Minuten + 40 Minuten schmoren

4	Kaninchenkeulen
	Meersalz
	edelsüßes Paprikapulver
400 g	festkochende Kartoffeln
4	rote Paprika
6	Schalotten
120 g	Paprikasalami
100 ml	Olivenöl
150 ml	Weißwein
500 ml	Geflügelbrühe
½	Bund Basilikum
12	Kapernäpfel
	Pfeffer

1 Kaninchenkeulen mit Meersalz und Paprikapulver einreiben. Kartoffeln schälen und in Stücke schneiden. Paprika schälen, entkernen und in dünne Streifen schneiden. Schalotten schälen und in Streifen schneiden. Paprikasalami in Würfel schneiden. Backofen auf 160 °C Umluft vorheizen.

2 2 EL Olivenöl in einem Bräter erhitzen. Die Kaninchenkeulen ringsherum in etwa 7 Minuten anbraten. Aus dem Bräter nehmen. Kartoffeln, Paprika, Schalotten und Salami in den Bräter geben und etwa 10 Minuten anrösten.

3 Die Kaninchenkeulen wieder dazulegen. Mit Weißwein und Brühe ablöschen. Basilikum und Kapernäpfel dazugeben und alles durchrühren. Einmal aufkochen lassen. Dann auf mittlerer Schiene im Ofen 40 Minuten garen.

4 Den Bräter aus dem Ofen nehmen und das Gemüse auf Teller verteilen. Mit dem restlichen Olivenöl beträufeln und mit Salz und Pfeffer würzen. Die Kaninchenkeulen zum Gemüse legen und servieren.

ROSINS TIPP: Bis in die 1960er-Jahre waren Kaninchen und Hase in Deutschland sehr beliebt, dann kamen sie viele Jahrzehnte fast überhaupt nicht mehr auf den Tisch – anders als in Italien, Frankreich oder Spanien. Jetzt kehrt das zarte weiße Fleisch – mit dem Trend zur leichten Küche – auf unsere Teller zurück: Kaninchen überzeugt durch weniger Fett als Huhn und Pute bei höherem Mineralstoffgehalt. Beispielsweise enthält es fast doppelt so viel Eisen wie Hähnchenfleisch.

Sauerkrauteintopf »Bigos« nach osteuropäischer Art

Osteuropäische Einflüsse haben die deutsche Küchenkultur nicht erst in den letzten 70 Jahren maßgeblich geprägt. Da meine Vorfahren aus Ostpreußen stammen, haben Eintöpfe wie der Bigos in unserer Familienküche eine große Rolle gespielt.

> einfach
> 30 Minuten + 1 Stunde kochen

400 g	Räucherspeck
2	Zwiebeln
1	Knoblauchzehe
2 EL	Rapsöl
1,2 kg	Sauerkraut
4 EL	Tomatenmark
1 l	Gemüsebrühe
10	Pfefferkörner
4	Lorbeerblätter
1 TL	getrockneter Majoran
200 g	braune Champignons
	Salz, Pfeffer

1 Speck in feine Würfel schneiden. Zwiebeln und Knoblauch schälen und fein schneiden. 1 EL Öl in einem Topf erhitzen. Speck, Zwiebeln und Knoblauch darin braten, bis der Speck kross ist. Sauerkraut dazugeben und 5 Minuten anbraten.

2 Tomatenmark hinzufügen und unterrühren. Mit 800 ml Gemüsebrühe aufgießen. Pfefferkörner, Lorbeerblätter und Majoran dazugeben. Aufkochen, den Deckel halb auflegen und etwa 1 Stunde köcheln lassen, bis das Sauerkraut gar ist. Ab und zu umrühren und eventuell noch etwas Brühe nachgießen.

3 Champignons putzen und vierteln. Restliches Öl (1 EL) in einer Pfanne erhitzen und die Champignons darin goldbraun braten. Mit Salz und Pfeffer würzen. Champignons unter den fertigen Bigos mischen. Mit Salz und Pfeffer abschmecken und auf Teller verteilen.

VEGETARISCHER BIGOS: Speck weglassen, dafür 400 g Champignons anbraten. Für den Rauchgeschmack mit Räuchersalz und Pimentón de la Vera würzen. Zum Schluss einen Klecks Frischkäse auf jeden Teller geben.

ROSINS TIPP: Während der Woche alle Fleischreste im Kühlschrank sammeln und in den Bigos geben. Mettwürstchen schmecken ebenfalls gut dazu. Wer mag, gibt noch einen dicken Klecks Schmand oder Crème fraîche auf jeden Teller.

Königsberger Klopse mit heller Kapernsauce

Das ist eines meiner absoluten Lieblingsgerichte. Am besten in einem tiefen Teller mit ganz viel Sauce servieren. Die Klopse nicht zu groß machen, dann kann man mehr davon essen.

> braucht Zeit
> 2 Stunden

2	trockene Brötchen
125 ml	Milch
3	Schalotten
6 EL	Kapern
2 EL	Rapsöl
1 kg	Kalbshackfleisch
2	Eier
2 EL	Senf
	Salz, Pfeffer
1	Zwiebel
1	Lorbeerblatt
1	Gewürznelke
2 EL	Kartoffelstärke
70 ml	Weißweinessig
	Zucker

1 Brötchen grob zerkleinern und in etwas Milch 20 Minuten einweichen. Schalotten schälen und fein würfeln. Kapern hacken. 2 EL Rapsöl in einer Pfanne erhitzen. Schalotten darin glasig dünsten und in eine Schüssel geben. Hackfleisch, ausgedrückte Brötchen, Eier, Senf, 4 EL gehackte Kapern, Salz und Pfeffer zu den Schalotten geben. Alles gut vermengen.

2 2 Liter Salzwasser in einem Topf erhitzen. Zwiebel mit Lorbeerblatt und Gewürznelke spicken, mit etwas Kapernwasser ins Salzwasser geben. Mit einem Esslöffel die Hackmasse abstechen und mit nassen Händen viele kleine Klopse daraus rollen. Klopse ins siedende Wasser geben. Mit einem Schaumlöffel herausnehmen, sobald sie oben schwimmen. Beiseitestellen.

3 Das Kochwasser auf ein Drittel der Flüssigkeitsmenge einkochen lassen. Kartoffelstärke mit etwas kaltem Wasser verrühren und die reduzierte Brühe damit etwas andicken. Restliche gehackte Kapern und den Essig dazugeben. Mit Salz, Pfeffer und Zucker abschmecken. Die Klopse in die Sauce legen und erwärmen. Zum Servieren die Klopse auf Teller verteilen. Die Sauce mit dem Stabmixer aufmixen und großzügig über die Klopse geben.

ROSINS TIPP: Mir schmecken dazu Butterkartoffeln: Kartoffeln in der Schale kochen, ausdampfen lassen, pellen und in Butter schwenken.

Die weltbeste **Currywurst** mit fruchtiger Sauce

Dass ich sozusagen in der Pommesbude geboren wurde, ist ja kein Geheimnis mehr. Currywurst gehört jedenfalls zur Urkultur des Ruhrgebiets und schmeckt dort Lichtjahre besser als in Berlin. Den Unterschied macht vor allem die Sauce. Sie wird frisch zubereitet und enthält keine künstlichen Zusatzstoffe. Wichtig für alle, die solche Sachen nicht mögen und/oder nicht vertragen.

> einfach
> 40 Minuten

1 Schalotte und Knoblauch schälen und fein würfeln. Chili entkernen und fein hacken. Paprika vom Stielansatz befreien, entkernen und grob zerkleinern.

2 Öl in einer Pfanne erhitzen, Schalotte und Knoblauch darin glasig dünsten. Paprikastücke dazugeben und mitbraten, bis die Flüssigkeit verdampft ist. Zucker, Tomatenmark, Chili und Vanille dazugeben und anrösten. Mit der Brühe aufgießen und so lange köcheln lassen, bis die Sauce eine sämige Konsistenz hat.

3 In der Zwischenzeit Rostbratwürste auf dem Grill oder in einer Grillpfanne schön kross grillen. Die Sauce vom Herd nehmen. Mit einem Stabmixer pürieren, bis keine Stückchen mehr vorhanden sind. Mit Salz, Curry- und Paprikapulver abschmecken. Rostbratwürste in Pappschälchen legen und mit der Sauce übergießen. Sofort servieren.

1	Schalotte
1	Knoblauchzehe
½	rote Chilischote
4	rote Paprika
1 EL	Rapsöl
1	gehäufter EL Zucker
2 EL	Tomatenmark
	Mark von ½ Vanilleschote
400 ml	Gemüsebrühe
4	weiße Rostbratwürste (à etwa 100 g)
	Salz
	scharfes Currypulver
	edelsüßes Paprikapulver

> **ROSINS TIPP:** Dass Schärfe und Süße, Frucht und Säure zusammengehören, um einem Rezept den richtigen Kick zu geben, war offensichtlich auch schon den Erfindern der Currywurst klar. Wem die Sauce nicht fruchtig genug ist, der ersetzt die Hälfte der Gemüsebrühe durch Apfelsaft. Wer sie schärfer möchte, nimmt mehr Chili.

Ferkelbauch auf Petersilienwurzelpüree und gebratenem Romanasalat

> braucht Vorbereitung
> 15 Minuten + 15 Stunden garen

3	Knoblauchzehen
800 g	Ferkelbauch ohne Knochen, mit Schwarte
2	Thymianzweige
6 EL	Rapsöl
2 TL	Meersalz
	Pfeffer
600 g	Petersilienwurzeln
2	Schalotten
2 EL	Butter
150 ml	Gemüsebrühe
½ TL	Salz
1 TL	Koriandersamen
2 TL	Sesamsamen
½ TL	Schwarzkümmel
75 ml	Olivenöl + 2 TL zum Braten
100 g	Sahne
	Muskatnuss
½	Zitrone
	Cayennepfeffer
4	kleine Kopfsalatherzen
2 TL	Honig

1 Den Backofen auf 80 °C Umluft vorheizen. Den Knoblauch schälen und hacken. Den Ferkelbauch in eine Auflaufform legen. Die Thymianzweige abspülen und trocken schütteln. Den Ferkelbauch rundherum mit Öl einpinseln, mit Meersalz und Pfeffer würzen und die Thymianzweige darauflegen. Die Form luftdicht mit hitzebeständiger Frischhaltefolie verschließen. Im Ofen (unten) mindestens 14 Stunden langsam garen.

2 Für das Petersilienwurzelpüree die Wurzeln waschen, schälen und in Stücke schneiden. Die Schalotten schälen und würfeln. Die Butter in einem Topf erhitzen und Schalotten und Petersilienwurzeln darin anschwitzen, bis sie etwas Farbe annehmen. Brühe und Salz zugeben und das Gemüse abgedeckt etwa 30 Minuten weich garen.

3 Den Ferkelbauch aus dem Ofen nehmen, die Gewürze von der Schwarte kratzen und das Fleisch vierteln. Eine Pfanne ohne Zugabe von Fett erhitzen und die Ferkelbauchteile mit der Schwarte nach unten hineinlegen. Bei schwacher Hitze langsam braten, bis die Schwarte kross wird. Das dauert etwa 20 Minuten.

4 Den Koriander im Mörser zerstoßen und mit Sesam, Schwarzkümmel und 75 ml Olivenöl in einem kleinen Topf kurz erhitzen. Beiseitestellen.

5 Die Petersilienwurzeln mit der Sahne fein pürieren und mit Salz, Muskat, etwas Zitronensaft und Cayennepfeffer abschmecken. Warm stellen.

6 Die Salatherzen im Ganzen waschen, gut trocken tupfen und der Länge nach halbieren. In einer Pfanne in 2 TL heißem Olivenöl auf der Schnittfläche anbraten. Mit Salz und Pfeffer würzen und den Honig darüberträufeln. Den Ferkelbauch mit Salat und Püree anrichten. Das Gewürzöl darüberträufeln und servieren.

Rinderrouladen mit Speck und Schmackes

Rinderrouladen waren bei meiner Mutter das Königsgericht, irgendwie sind sie immer gelungen. Ich wollte wissen, wie sie das macht. Sie hat geantwortet: »Da muss ordentlich Schmackes rein.« Diesen Schmackes hat mein Rezept auch.

> braucht Vorbereitung
> 1 ½ Stunden + 2 Stunden kochen

- 4 Rinderrouladen (à etwa 150 g)
- 2 Schalotten
- 4 Gewürzgurken (nach Belieben)
- 1 Möhre
- 1 Zwiebel
- 50 g Knollensellerie
- 4 Scheiben Frühstücksspeck
- 4 TL Senf
- 3 EL Tomatenmark
- 4 EL Rapsöl
- Salz, Pfeffer, Zucker
- 2 Lorbeerblätter
- 2 Gewürznelken
- 10 Pfefferkörner
- 2 Rosmarinzweige
- 1,5 l Rotwein
- 500 ml Fleischbrühe

1 Rouladen zwischen zwei Lagen Frischhaltefolie schön dünn klopfen. Schalotten schälen und in dünne Ringe schneiden. Gewürzgurken, falls verwendet, in Scheiben schneiden. Möhre, Zwiebel und Sellerie schälen und in grobe Stücke schneiden. Frühstücksspeck in feine Streifen schneiden. Senf in einer Schüssel mit 1 EL Tomatenmark verrühren.

2 1 EL Öl in einer Pfanne erhitzen und die Schalottenringe darin glasig dünsten. Mit Salz, Pfeffer und Zucker würzen. So lange braten, bis der Zucker karamellisiert. Aus der Pfanne nehmen. 1 EL Öl in die Pfanne geben und den Speck darin kross anbraten. Vom Herd nehmen.

3 Rouladen auf die Arbeitsfläche legen. Mit Salz und etwas Pfeffer würzen und mit der Senf-Tomatenmark-Mischung einstreichen. Schalotten und Speck darauf verteilen. Nach Belieben mit Gewürzgurkenscheiben belegen. Rouladen fest aufrollen und mit zwei Zahnstochern verschließen. Restliches Öl (2 EL) in einem hohen Topf erhitzen.

4 Rouladen von allen Seiten scharf anbraten und wieder herausnehmen. Möhre, Zwiebel und Sellerie in den Topf geben, ebenfalls anbraten, mit Salz und Zucker würzen. Restliches Tomatenmark (2 EL), Lorbeerblätter, Gewürznelken, Pfefferkörner und Rosmarin hinzufügen und 2 Minuten mitbraten. Alles mit Rotwein und Brühe ablöschen. Aufkochen und noch einmal abschmecken. Die Rouladen wieder in den Topf legen und etwa 2 Stunden zugedeckt köcheln lassen.

5 Die Rouladen herausnehmen. Den Bratenfond durch ein Sieb passieren, wieder in den Topf geben und etwa 1 Stunde einkochen, bis die Sauce sämig ist. Mit Zucker und Pfeffer abschmecken. Die Rouladen wieder in die Sauce legen und erwärmen. Auf Teller verteilen, mit Sauce übergießen und servieren.

ROSINS TIPP: Durch das langsame Garen werden die Rouladen schön weich und saftig. Die Sauce kann man vor dem Servieren noch mit 1 EL Senf abschmecken – aber wirklich erst ganz zum Schluss, weil der Senf bei Wärme seinen Geschmack schnell verliert.

Krosse Perlhuhnbrust mit Sellerie-Kresse-Salat

Bei mir kommt nichts um, haben die Leute früher immer gesagt. Die Reste vom Sonntagsessen zu verwerten, ist eine Kunst und gehört zum guten Wirtschaften. In diesem Rezept sind es die Semmelknödel, die einer neuen und überraschenden Verwendung zugeführt werden.

> braucht Vorbereitung
> 40 Minuten + 8 Stunden trocknen + 1 Stunde marinieren

4	Semmelknödel (siehe Seite 166)
400 g	Knollensellerie
	Salz
100 ml	Olivenöl
	Saft von 1 Zitrone
	Pfeffer
4	Perlhuhnbrüste mit Vorderkeule
2 EL	Butter
2	Schalen Gartenkresse
120 g	trockener Schafskäse

1 Backofen auf 90 °C vorheizen. Semmelknödel grob zerkleinern und auf ein Backblech geben. Über Nacht (etwa 8 Stunden) auf mittlerer Schiene im Backofen trocknen lassen.

2 Für den Salat Sellerie schälen und in 5 mm große Würfel schneiden. In kochendem Salzwasser 4 Minuten blanchieren. Sofort in eiskaltem Wasser abschrecken. Durch ein Sieb abgießen und gut abtropfen lassen. Olivenöl und Zitronensaft miteinander verrühren und die Selleriewürfel untermengen. Kräftig mit Salz und Pfeffer würzen. Salat mindestens 1 Stunde ziehen lassen.

3 Für die Perlhuhnbrüste die getrockneten Semmelknödel auf einen flachen Teller bröseln. Perlhuhnbrüste mit Salz und Pfeffer würzen und in die Brösel drücken, sodass sie gleichmäßig von Panade bedeckt sind. Butter in der Pfanne erhitzen und die Perlhuhnbrüste bei mittlerer Hitze von beiden Seiten je 6 Minuten braten.

4 Gartenkresse abschneiden. Selleriesalat auf Teller verteilen, Schafskäse darüberbröckeln. Mit Kresse und der krossen Perlhuhnbrust anrichten.

> **ROSINS TIPP:** Wer keine Semmelknödel zur Hand, aber trotzdem Lust auf knuspriges Perlhuhn hat, paniert die Brüste in zerdrückten Cornflakes.

Knusprige Entenbrust mit würziger Sauce

Als vor vielen Jahren einmal mein Backofen kaputt war, habe ich aus der Not eine Tugend gemacht und dieses Rezept entwickelt. Das Entenfleisch hat einen wunderbaren Geschmack und die Sauce wird superlecker, wenn man sie lang genug kochen lässt.

> verlangt Übung
> 1 Stunde + 1 ½ Stunden kochen

170 g	Möhren
170 g	Knollensellerie
170 g	Lauch
1	Bio-Orange
1	Apfel
2 EL	Rapsöl
1	Ente (etwa 2,5 kg), mit Innereien
4 EL	Tomatenmark
2	Rosmarinzweige
3	Lorbeerblätter
2	Gewürznelken
2,5 l	Rotwein
1,5 l	Gemüse- oder Geflügelbrühe
	Salz, Zucker
80 g	kalte Butter, in Stücken
	Essigessenz

1 Möhren und Sellerie schälen und fein würfeln. Lauch ebenfalls fein würfeln. Orange mit Schale in Achtel schneiden, sichtbare Kerne entfernen. Apfel vom Kerngehäuse befreien und in grobe Stücke schneiden.

2 Öl in einem Schmortopf oder Bräter erhitzen. Die Innereien der Ente (wenn vorhanden), Möhren, Sellerie und Lauch darin anrösten. Das Tomatenmark dazugeben und 2 Minuten mitrösten. Rosmarin, Lorbeerblätter, Gewürznelken, Orangen- und Apfelstücke unterrühren. Mit Rotwein und Brühe auffüllen. Die Ente mit der Brustseite nach unten in den Sud legen und alles aufkochen. Mit Salz und Zucker abschmecken. Die Ente etwa 90 Minuten köcheln lassen, bis sie gar ist.

3 Die Ente aus dem Bratfond heben, ohne die Haut der Brust zu beschädigen. Das Fett vom Fond abschöpfen. Den Fond durch ein Sieb passieren. Die Hälfte davon beiseitestellen, die andere Hälfte in einen Topf geben, aufkochen und auf 500 ml einkochen lassen. Dann die Butterwürfel hineingeben und mit dem Schneebesen rühren, bis die Sauce bindet. Mit etwas Zucker und Essigessenz abschmecken. Warm halten.

4 Backofen auf Grillstufe vorheizen. Die Brüste aus der Ente lösen, ohne die Haut abzutrennen. Entenbrüste halbieren und mit der Hautseite nach oben in eine ofenfeste Pfanne legen. Den beiseitegestellten Fond in die Pfanne gießen, sodass die Haut aus der Flüssigkeit ragt. Pfanne auf mittlerer Schiene in den Ofen stellen und die Entenbrüste übergrillen, bis die Haut eine goldbraune Farbe bekommt. Herausnehmen und auf Teller legen. Die Sauce dazu servieren.

ROSINS TIPP: Diese Zubereitungsart der Ente, das Kochen in Fond, haben die Chinesen schon vor Jahrhunderten praktiziert. Inzwischen hat sie sich auch bei uns »eingebürgert«. Das restliche Entenfleisch eignet sich vorzüglich zum Kaltessen, als Grundlage für ein Pfannengeröstl oder – mit dem Entenschmalz – für Rillettes.

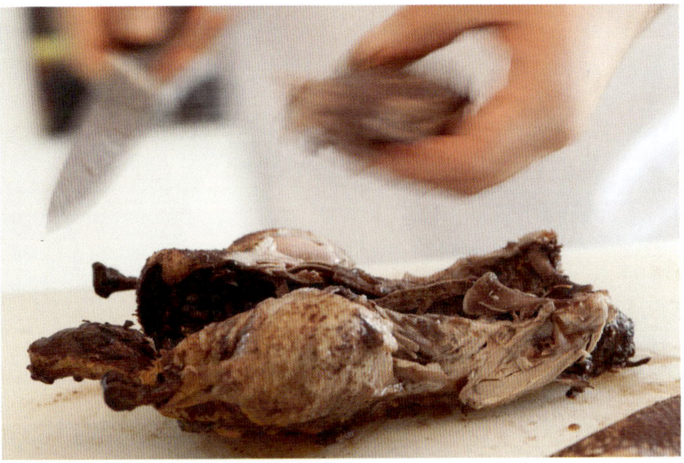

Frikassee vom Maishuhn mit gebackenen Kartoffelnocken

> verlangt Übung
> 1 Stunde + 1 Stunde garen

1 Das Maishuhn in einem Topf gut mit Wasser bedecken, 2 TL Salz hinzufügen und langsam zum Kochen bringen. Den aufsteigenden Schaum abschöpfen, 30 Minuten köcheln lassen. Das Suppengemüse waschen, putzen und in Stücke schneiden. Die Kräuter abspülen und trocken schütteln. Suppengemüse, Gewürze und Kräuter zum Maishuhn geben und weitere 45 Minuten köcheln lassen.

2 Für die Kartoffelnocken die Kartoffeln waschen und in der Schale weich kochen. In der Zwischenzeit Karotten, Spargel, Champignons und Zuckerschoten putzen bzw. waschen und schälen. In mundgerechte Stücke schneiden und beiseitestellen. Die Kartoffeln abgießen, pellen und durch eine Kartoffelpresse drücken. Eigelbe und 40 g Butter zugeben. Mit 1 TL Salz und frisch geriebener Muskatnuss würzen und mit einem Spatel rasch vermengen. Das Mehl und die Semmelbrösel jeweils auf einen flachen Teller geben. Die Eiweiße in einer flachen Schale kurz verquirlen. Aus der Kartoffelmasse mit zwei Esslöffeln Nocken formen. Diese im Mehl wenden, durch das Eiweiß ziehen und in den Semmelbröseln wenden. Im heißen Fett schwimmend ausbacken. Im Backofen (etwa 65 °C) warmstellen.

3 Für die Sauce die Schalotte schälen, würfeln und in 1 EL Butter anschwitzen. Mit Weißwein ablöschen und 400 ml von der Hühnerbrühe aufgießen. Aufkochen und 15 Minuten einkochen lassen. Das Maishuhn aus der übrigen Brühe heben, häuten und das Fleisch von den Knochen zupfen. In mundgerechte Stücke schneiden. Das vorbereitete Gemüse in einer Pfanne in 1 EL Butter einige Minuten anschwitzen, mit Salz und Pfeffer würzen.

4 Kartoffelstärke und Crème fraîche mischen, zur eingekochten Hühnerbrühe geben und 1 Minute aufkochen, dabei ständig rühren. Die Sauce mit dem Stabmixer pürieren. Nun das Fleisch in der Sauce erhitzen, mit Salz, Pfeffer und Zitronensaft würzig abschmecken. Währenddessen den Kerbel abspülen, trocken schütteln und fein hacken. Das Frikassee mit dem Gemüse und den Kartoffelnocken zusammen anrichten, mit Kerbel bestreuen und servieren.

1	frisches Maishuhn (etwa 1,5 kg)
	Salz
1	Bund Suppengemüse
2	Stängel Petersilie
2	Gewürznelken
3	Pimentkörner
½ TL	schwarze Pfefferkörner
2	Lorbeerblätter
800 g	mehligkochende Kartoffeln
150 g	Mini-Karotten, mit Grün
4	Stangen weißer Spargel
150 g	kleine Champignons
150 g	Zuckerschoten
2	Eier, getrennt
40 g	Butter + 2 EL
	Muskatnuss
80 g	Weizenmehl (Type 405)
150 g	Semmelbrösel
	neutrales Speiseöl zum Frittieren
1	Schalotte
200 ml	Weißwein
30 g	Kartoffelstärke
200 g	Crème fraîche
½	Zitrone
5	Stängel Kerbel

Wachtelroulade mit nussiger Füllung

Wachteln haben ein wunderbar feines und aromatisches Geflügelfleisch, das man sich für besondere Gelegenheiten ruhig einmal gönnen sollte. Einfach blanchierten, karamellisierten Blumenkohl mit Meerrettich dazu servieren. Das schmeckt sensationell!

> verlangt Übung
> 45 Minuten + 30 Minuten garen und ruhen

50 g	Pistazienkerne
50 g	Sonnenblumenkerne
50 g	Pinienkerne
1	Hähnchenbrust (etwa 160 g)
1	Handvoll Rosmarinnadeln
1	Handvoll Kerbelblätter
4	ausgelöste Wachteln
8	Wachtelbrüste
	Salz, Pfeffer
1 EL	Rapsöl

1 Für die Füllung Nusskerne in einer Pfanne ohne Fett goldgelb rösten und vom Herd nehmen. Die Hähnchenbrust zuerst in 5 mm dicke Scheiben, dann in feine Streifen und dann in feine Würfel schneiden. Rosmarinnadeln und Kerbelblättchen fein schneiden. Rosmarin, Kerbel, Nusskerne und Hähnchenfleisch in einer Schüssel vermengen.

2 Wasser in einem Topf zum Sieden (nicht Kochen) bringen. Ausgelöste Wachteln mit der Hautseite nach unten flach auf der Arbeitsfläche ausbreiten. Mit der Füllung bestreichen. Je 2 Wachtelbrüste in die Mitte auf die Füllung legen. Wachteln so einrollen, dass die Brüste von der Farce umhüllt werden. Wachtelrouladen zuerst stramm in Frischhaltefolie und dann in Alufolie einrollen. Die Wachtelrouladen ins siedende Wasser legen und bei 90 °C 20 Minuten garen.

3 Wachtelrouladen aus dem Wasser nehmen und 10 Minuten ruhen lassen. Dann auspacken und mit Salz und Pfeffer würzen. Öl in einer Pfanne erhitzen. Die Wachtelrouladen bei mittlerer Hitze von allen Seiten goldbraun anbraten. Herausnehmen, auf Teller legen und sofort servieren.

ROSINS TIPP: Die Wachtelfüllung kann ganz nach Geschmack variiert werden. Man kann andere Kräuter nehmen oder anstelle der Wachtelbrüste z. B. Hummerkrabben.

Fisch

Krosse **Fischfrikadellen** mit Majoran

Noch ein Rezept von meiner Oma. Für dieses Gericht wurde der von meinem Opa geangelte Fisch durch den Fleischwolf gedreht und dann – wie Fleischfrikadellen – mit eingeweichtem Brot und Gewürzen abgeschmeckt. Die Bude stank fürchterlich, aber die Fischfrikadellen waren die Mühe wert. Mit Fischfilet ist das heute natürlich alles einfacher.

> einfach
> 35 Minuten + 30 Minuten kühlen

1	altbackenes Brötchen
350 g	Kabeljaufilet
1	Schalotte
1 TL	Erdnussöl
1	Handvoll Majoranblätter
1	Handvoll Dillspitzen
1	Ei
1 TL	Senf
	Salz, Pfeffer
1 EL	Butter

1 Brötchen grob zerkleinern und in lauwarmem Wasser einweichen. Das Kabeljaufilet in feine Würfel schneiden und in eine Schüssel geben. Schalotte schälen und fein würfeln. Erdnussöl in einer kleinen Pfanne erhitzen und die Schalottenwürfel glasig dünsten. Vom Herd nehmen und abkühlen lassen.

2 Ein paar Majoranblätter fürs Anrichten beiseitelegen. Dill und restlichen Majoran fein schneiden. Mit Ei, Senf und Schalottenwürfeln zum Kabeljau in die Schüssel geben. Das eingeweichte Brötchen gut ausdrücken und mit den übrigen Zutaten vermengen. Mit Salz und Pfeffer abschmecken.

3 Aus der Masse 4 Frikadellen formen und einzeln in Frischhaltefolie packen. Etwa 30 Minuten in den Tiefkühler legen. Butter in einer Pfanne zerlassen, die Frikadellen aus der Folie lösen und vorsichtig von beiden Seiten etwa 5 Minuten anbraten. Auf Teller legen und mit den beiseitegelegten Majoranblättern bestreuen.

ROSINS TIPP: Für Frikadellen, egal, ob mit Fisch oder mit Fleisch, niemals rohe Zwiebeln verwenden, sondern immer gedünstete – das ist bekömmlicher und schmeckt besser. Wer mag, kann die Frikadellen kurz vor dem Braten von beiden Seiten in Panko- oder Semmelbrösel drücken. Dann werden sie etwas knusprig.

Gedünsteter Lachs mit dicken Bohnen und Paprikapüree

> aufwendig
> 2 Stunden

1 Die Dicken Bohnen in einem Sieb abtropfen lassen. Zwiebeln und Knoblauch schälen und fein würfeln. Olivenöl in einem Topf erhitzen, Zwiebel- und Knoblauchwürfel darin glasig dünsten. Mit etwas Salz und Zucker würzen. Mit Weißwein ablöschen. Bohnen und Bohnenkraut dazugeben, mit Brühe aufgießen und 10–15 Minuten köcheln lassen, bis die Bohnen gar sind.

2 Bohnen durch ein Sieb abgießen. Flüssigkeit auffangen und in einen Topf geben. Einkochen lassen, bis sie dicklich wird. Butter unterrühren. Die Bohnen dazugeben und mit dem Stabmixer pürieren. Mit Salz, Pfeffer und Zucker abschmecken, dann warm halten.

3 Für das Paprikapüree die Paprika vierteln, entkernen und den Stielansatz entfernen. In grobe Stücke schneiden. Ingwer, Schalotte und Knoblauch schälen und fein würfeln. Olivenöl in einem Topf erhitzen. Paprika, Schalotten- und Knoblauchwürfel darin glasig dünsten. Weißwein, Brühe, Ingwer und Vanillemark dazugeben und alles aufkochen. Etwa 15 Minuten einkochen lassen, bis die Flüssigkeit verdampft ist.

4 Mit Salz, Pfeffer und Zucker würzen. Vom Herd nehmen und mit dem Stabmixer pürieren. Das Paprikapüree durch ein Sieb streichen und noch einmal abschmecken. Warm halten.

5 Für den Lachs Schalotten schälen und fein würfeln. Olivenöl in einem Topf erhitzen und die Schalottenwürfel darin glasig dünsten. Mit etwas Salz und Zucker würzen. Weißwein, Geflügelbrühe, Lorbeerblatt, Gewürznelken und Thymian dazugeben. Alles etwa 5 Minuten köcheln lassen.

6 Lachsfilets in den Topf legen. Vom Herd ziehen und den Lachs in der Brühe 8 Minuten gar ziehen lassen. Nach 4 Minuten wenden. Warm halten. Den Fischsud durch ein Sieb in einen Topf geben und 5 Minuten einkochen lassen. Vom Herd nehmen. Frischkäse dazugeben und Sauce mit dem Stabmixer sämig aufschlagen. Lachsfilets auf Teller verteilen, mit der Sauce beträufeln. Dicke Bohnen und Paprikapüree dazu anrichten.

ROSINS TIPP: Mit diesem Lachsrezept kommen auch Küchenanfänger gut zurecht, und es funktioniert ebenso mit jedem beliebigen anderen Fischfilet.

DICKE BOHNEN

1 kg Dicke Bohnen (Glas)
2 Zwiebeln
1 Knoblauchzehe
1 EL Olivenöl
Salz, Zucker
100 ml Weißwein
1 Zweig Bohnenkraut
1 l Geflügelbrühe
1 EL kalte Butter
Pfeffer

PAPRIKAPÜREE

3 rote Paprikaschoten
3 cm Ingwerwurzel
1 Schalotte
1 Knoblauchzehe
1 EL Olivenöl
100 ml Weißwein
600 ml Gemüsebrühe
Mark von 1 Vanilleschote
Salz, Pfeffer, Zucker

LACHS

3 Schalotten
1 EL Olivenöl
Salz, Zucker
200 ml Weißwein
1 l Geflügelbrühe
1 Lorbeerblatt
2 Gewürznelken
1 Thymianzweig
4 Lachsfilets ohne Haut (à etwa 200 g)
150 g Frischkäse

Gedämpfte **Maultaschen** mit Seeteufel und Asiagemüse

Es muss nicht immer die klassische Spinat- oder Fleischfüllung sein. Mit feinem Edelfisch gefüllt und nach asiatischer Manier über Wasserdampf gegart, entfalten die Nudelpäckchen einen ganz neuen Charme.

> verlangt Übung
> 50 Minuten + 1 Stunde ruhen + 15 Minuten dämpfen

250 g	Mehl
	Salz
2 TL	Olivenöl
1	Schalotte
50 g	Möhren
50 g	Zucchini
50 g	rote Paprika
50 g	Frühlingszwiebeln
1	Handvoll Korianderblätter
1 EL	Sesamöl
	Pfeffer
1	Eigelb
8	Portionen Seeteufel ohne Haut und Gräten (à 50 g)
	Rapsöl
80 g	braune Butter (siehe Seite 219)

1 Das Mehl in eine Schüssel geben und eine Mulde hineindrücken. 150 ml heißes Wasser, ½ TL Salz und das Olivenöl dazugeben. Alles zu einem glatten Teig verarbeiten. Zu einer Kugel rollen, in Frischhaltefolie wickeln und 1 Stunde im Kühlschrank ruhen lassen.

2 Für die Füllung Schalotte und Möhren schälen und fein würfeln. Zucchini und Paprika vom Stielansatz befreien. Zucchini fein würfeln, Paprika entkernen und fein würfeln. Frühlingszwiebeln und Korianderblätter fein schneiden. Sesamöl in einer Pfanne erhitzen. Schalottenwürfel darin glasig dünsten. Möhren, Zucchini, Paprika und Frühlingszwiebeln dazugeben, kurz anbraten und den Koriander (ein wenig davon beiseitestellen) dazugeben. Mit Salz und Pfeffer würzen.

3 Teig ganz dünn ausrollen und 16 Kreise (5 cm Ø) ausstechen. Eigelb in einer Schale aufschlagen. Gemüsefüllung so auf 8 Kreise verteilen, dass ein Teigrand frei bleibt. Je 1 Stück Seeteufel auf jeden Kreis legen.Teigränder mit Eigelb einpinseln und die zweiten 8 Kreise auf die Füllung legen und am Rand gut andrücken.

4 Einen Topf zu einem Drittel mit Wasser füllen. Wasser zum Kochen bringen. Ein feines Sieb mit Rapsöl ausstreichen und die Maultaschen hineinlegen. Sieb über den Topf legen und mit einem Deckel abdecken. Die Maultaschen im Wasserdampf 15 Minuten dämpfen.

5 Braune Butter in einer Pfanne zerlassen und die Maultaschen darin schwenken. Auf Teller verteilen und mit etwas Koriander bestreut sofort servieren.

ROSINS TIPP: Die Maultaschen schmecken auch mit einer Füllung aus Lachs oder den Resten vom Sonntagsbraten. Legt man das Dämpfsieb mit frischen Kräutern aus, überträgt sich ihr Aroma auf den Teig.

Zander auf der Haut gebraten

Um Zander knusprig und dennoch saftig zu braten, nehme ich Filet mit Haut. Je dicker das Filet ist, desto besser lässt es sich zubereiten. Und ein dickes Stück Fisch macht auch optisch mehr her. Also den Edelfisch lieber seltener, dafür aber richtig zubereiten.

> schnell
> 15 Minuten

1 Die Haut der Filets mit einem scharfen Messer zwei- bis dreimal schräg einritzen, ohne in das Fleisch zu schneiden. Ein paar Tropfen Öl in eine Pfanne geben und die Filets mit der Hautseite nach unten hineinlegen. Bei mittlerer Hitze langsam goldbraun braten. Die Oberseite der Zanderfilets mit Salz und Pfeffer würzen.

2 Die Haut schützt den empfindlichen Fisch vor der Hitze der Pfanne. Sobald nur noch die oberste Schicht glasig ist, die Filets umdrehen. Auch die Haut mit Salz und Pfeffer würzen. Zanderfilets sofort aus der Pfanne nehmen und servieren.

4 Portionen Zanderfilet mit Haut, ohne Gräten (à etwa 100 g)
Rapsöl
Salz, Pfeffer

ROSINS TIPP: Für zusätzliches Aroma Kräuter wie Rosmarin oder Thymian und Knoblauch mit in die Pfanne legen. Durch die eingeschnittene Haut nimmt der Fisch diese Aromen gut auf.

Forelle mit Kräutern aus der Folie

Diese Forelle gelingt wirklich jedem und schmeckt durch das Zusammenspiel der Säure mit den Kräutern äußerst aromatisch. Mit einem schönen Blattsalat dazu ein tolles Gericht.

> schnell
> 15 Minuten + 30 Minuten garen

1 Aus der Zitrone 4 Scheiben schneiden und diese halbieren. Kräuter fein schneiden. Knoblauch schälen und fein hacken. Forellen innen und außen mit Salz und Pfeffer würzen. Jede Forelle mit 20 g Butter, 2 Zitronenscheibenhälften und einem Viertel der Kräuter und des Knoblauchs füllen.

2 Backofen auf 175 °C Umluft vorheizen. Vier große Blätter Alufolie vorbereiten und mit etwas Olivenöl beträufeln. Die Forellen mittig auf die Folie legen. Die Folie über dem Fisch zusammenschlagen und fest verschließen. Fischpäckchen auf ein Backblech setzen. Auf mittlerer Schiene im Ofen 30 Minuten garen. Herausnehmen, Forellen mit der Folie auf die Teller geben und die Folie erst bei Tisch öffnen.

1	Bio-Zitrone
160 g	gemischte Kräuter (Petersilie, Rosmarin, Koriander, Kerbel)
1	Knoblauchzehe
4	frische küchenfertige Forellen
	Salz, Pfeffer
80 g	Butter
	Olivenöl

ROSINS TIPP: Frische Kräuter immer mit einem scharfen Messer fein schneiden, niemals hacken. Beim Hacken wird der Saft aus den Zellen der Kräuter herausgedrückt und das Aroma verfliegt.

Seezunge nach Art der Müllerin

Ein absoluter Klassiker der Fischzubereitung, der mit jedem Edelfischfilet, Forelle, Saibling oder Felchen ein Genuss ist.

> schnell
> 25 Minuten

60 g	Mandelblättchen
1	Bund Kerbel
4	Zitronen
30 g	Butter
2 EL	Zucker
50 g	Mehl
100 g	geklärte Butter (siehe Seite 219)
8	Seezungenfilets
	Salz, Pfeffer
60 g	Croûtons

1 Mandelblättchen in einer Pfanne ohne Fett goldbraun rösten und beiseitestellen. Kerbel fein schneiden. Die Zitronen schälen und die Filets herausschneiden. Die Butter in einer Pfanne zerlassen, den Zucker hinzufügen und die Zitronenfilets darin durchschwenken. Vom Herd nehmen.

2 Mehl auf einen flachen Teller geben. Geklärte Butter in einer zweiten Pfanne erhitzen. Die Seezungenfilets mit Salz und Pfeffer würzen. Im Mehl wenden, überschüssiges Mehl abklopfen. In der heißen Butter von jeder Seite in 30 Sekunden kross braten, herausnehmen und auf Teller legen.

3 Die Zitronenfilets in der Butter eventuell noch einmal erwärmen. Den Kerbel dazugeben. Sofort auf den Seezungenfilets verteilen. Mit den gerösteten Mandelblättchen und den Croûtons bestreuen und servieren.

ROSINS TIPP: Seezunge filetieren: Die Haut zwischen Schwanzflosse und Filetenden leicht einschneiden. Diesen Einschnitt für etwa 3 Sekunden in siedendes Wasser halten, damit sich die Haut etwas löst. Jetzt kann man die Haut vom Schwanz zum Kopf hin abziehen und die vier Filets herauslösen.

FBB
FBB

Matjessalat mit Kümmelkartoffeln

Ich liebe dieses Matjesrezept und nehme dafür auch gern mal einen Apfel mehr, weil das Fruchtige dem salzigen Fisch den richtigen Kick gibt.

> braucht Vorbereitung
> 25 Minuten + 6 Stunden marinieren + 25 Minuten kochen

1 Mayonnaise in einer Schüssel mit dem Frischkäse verrühren. Schalotten schälen und fein würfeln. Apfel schälen, das Kerngehäuse entfernen und den Apfel fein würfeln. Gewürzgurken ebenfalls fein würfeln. Gurkenwasser aufheben. Matjesfilets in mundgerechte Stücke schneiden. Schalotten, Apfel, Gurke und Dill mit der Frischkäsecreme verrühren. Mit Salz, Pfeffer und etwas Gurkenwasser abschmecken. Die Matjesstücke unterheben. Mindestens 6 Stunden im Kühlschrank ziehen lassen.

2 Kartoffeln mit reichlich Salz und dem Kümmel in einen Topf mit Wasser geben. Aufkochen und etwa 25 Minuten weich kochen. Vom Herd nehmen, abgießen und etwas auskühlen lassen. Kartoffeln fest in Alufolie wickeln, bis zur Mitte einschneiden und aufklappen. Auf Teller legen und den Matjessalat in die Mitte häufen.

200 g	Mayonnaise (siehe Seite 218)
100 g	Frischkäse
4	Schalotten
1	Apfel
200 g	Gewürzgurken
8	Matjesfilets
1 EL	fein geschnittener Dill
	Salz, Pfeffer
4	große, mehligkochende Kartoffeln
1 EL	Kümmelsamen

> **ROSINS TIPP:** Für den beliebten Matjes werden bei jungen, noch nicht geschlechtsreifen Heringen sofort nach dem Fang durch einen Kehlschnitt die Kiemen entfernt. Die Fische werden jedoch nur teilweise ausgenommen – die Bauchspeicheldrüse verbleibt im Hering. Ein in ihr enthaltenes Enzym sorgt für die »Reifung« des Matjes, der noch auf den Fangschiffen in Salzlake gelegt wird. Frischen Matjes gibt es im Mai, Juni und Juli zu kaufen.

Beilagen

Knuspriger **Blutwurststrudel** mit mediterraner Note

Alfons Schuhbeck hat dieses Gericht 1994 bei mir im Restaurant gekocht. Einfach, lecker und kreativ. Ich habe sein Rezept weiterentwickelt, sodass der Strudel heute etwas feiner und milder schmeckt. Den Strudelteig muss man nicht selbst machen, ein gutes Fertigprodukt ist eine prima Alternative.

> braucht Vorbereitung
> 35 Minuten + 4 ½ Stunden kühlen

4	Blatt Gelatine
200 ml	Apfelsaft
	Zitronensaft
1	Schalotte
1	Knoblauchzehe
1 EL	Olivenöl
	Zucker, Salz
1	Handvoll Thymianblätter
1	Handvoll Majoranblätter
1	Apfel
300 g	Blutwurst ohne Grieben
100 g	Butter
2	Blätter Strudelteig

1 Gelatine in etwas kaltem Wasser einweichen. Den Apfelsaft mit 1 Spritzer Zitronensaft in einem Topf aufkochen, vom Herd nehmen, Gelatine ausdrücken, dazugeben und auflösen. Abkühlen lassen und das Apfelgelee etwa 4 Stunden kalt und fest werden lassen.

2 Schalotte und Knoblauchzehe schälen und fein würfeln. Olivenöl in einer Pfanne erhitzen, Schalotte und Knoblauch darin glasig dünsten. Mit je 1 Prise Zucker und Salz würzen. Vom Herd nehmen und in eine Schüssel geben.

3 Thymian- und Majoranblätter fein schneiden. Apfel schälen, vierteln, das Kerngehäuse entfernen und in 5 mm große Würfel schneiden. Blutwurst abziehen. Blutwurst und Apfelgelee ebenfalls in 5 mm große Würfel schneiden. Alles zu den Zwiebeln in die Schüssel geben. Mit Salz abschmecken und 30 Minuten kalt stellen.

4 Backofen auf 180 °C Umluft vorheizen. Ein Backblech mit Backpapier auslegen. Butter zerlassen. Beide Strudelteigblätter übereinanderlegen und vierteln. Mit zerlassener Butter bestreichen. Je 2 EL Blutwurstfüllung in die Mitte setzen, den Teig seitlich einschlagen und die Füllung einrollen, dabei alle erreichbaren Stellen des Teigs mit zerlassener Butter einpinseln. Die Strudel auf das Backpapier setzen und im Ofen auf mittlerer Schiene in 15–18 Minuten goldgelb backen. Herausnehmen und warm servieren.

> **Rosins Tipp:** Der Strudel ist eine schöne Beilage zu gebratenem Fisch! Das Bepinseln mit der zerlassenen Butter beim Einrollen sorgt dafür, dass alle Schichten gleichmäßig garen. Ich brate den Strudel meist kurz in der Pfanne an und backe ihn danach 10 Minuten im Ofen. Er wird so besonders knusprig, was für einen schönen Kontrast zur weichen Füllung sorgt.

Geschichteter **Kartoffelbaumkuchen**

Die perfekte Kartoffelbeilage, wenn Sie Gäste beeindrucken möchten. Leider ziemlich aufwendig, aber es lohnt sich.

> aufwendig
> 1 Stunde + 20 Minuten kochen

500 g	mehligkochende Kartoffeln
	Salz
7	Eiweiß
3 EL	Crème fraîche
1 EL	Butter
3	Eigelb
	Muskatnuss

1 Kartoffeln in Salzwasser in etwa 20 Minuten gar kochen. Abgießen, ausdampfen lassen und pellen. Durch eine Kartoffelpresse in eine Schüssel drücken. Die Eiweiße mit 1 Prise Salz steif schlagen, bis eine feste glänzende Masse entstanden ist. Backofen auf 200 °C Oberhitze vorheizen. Ein Backblech mit einer Silikonbackmatte (oder Backpapier) auslegen.

2 Mit einem Schneebesen Crème fraîche, Butter und Eigelbe unter die Kartoffelmasse rühren. Eischnee unterheben. Mit Salz und geriebener Muskatnuss abschmecken. Aus der Kartoffelmasse einen 1 cm dicken Kreis (10 cm Ø) auf die Matte streichen. Im Ofen auf der oberen Schiene kurz goldbraun überbacken, unbedingt dabei bleiben, damit nichts anbrennt. Die nächste Schicht Kartoffelteig aufstreichen und überbacken. So oft wiederholen, bis die Kartoffelmasse aufgebraucht ist. Baumkuchen zum Servieren rund schneiden und vierteln.

ROSINS TIPP: Man kann der Kartoffelmasse vor dem Backen aromatische Zutaten beigeben, beispielsweise Oliven, Nusskerne oder Kräuter.

Gebackene **Reisbällchen**

Hört sich im ersten Moment langweilig an, aber wenn die Reisbällchen erst einmal fertig sind, sind sie ganz schnell verputzt. Ist aber nicht schlimm, sie sollten sowieso warm gegessen werden.

> verlangt Übung
> 30 Minuten

150 g	Parmesan
1	Handvoll Basilikumblätter
250 g	gekochter Basmati-Reis
50 ml	süße Chilisauce
2	Eier
100 g	Panko-Brösel
	Rapsöl

1 Parmesan fein reiben. Basilikum fein schneiden. Reis mit dem Parmesan, der Chilisauce und dem Basilikum vermengen. 12 Kugeln (etwa 2,5 cm Ø) daraus formen.

2 Eier in einem tiefen Teller verquirlen. Panko-Brösel auf einen flachen Teller geben. Frittierfett in der Fritteuse oder einem Topf erhitzen. Reisbällchen zweimal im Ei und dann in den Bröseln wälzen. Im heißen Öl schwimmend ausbacken. Auf Küchenpapier entfetten.

ROSINS TIPP: Man kann auch die Reste vom Sonntagsbraten oder Gemüse mit unter die Reismasse geben – ganz nach Lust und Laune.

Konfierte **Kartoffeln**

Dieses Rezept ist sicher nichts für Fett- und Kaloriensparer – aber das Ergebnis ist jede Sünde wert.

> einfach
> 40 Minuten

- 4 Knoblauchzehen
- 500 g Gänseschmalz
- 6 Pfefferkörner
- 5 Lorbeerblätter
- 2 Estragonzweige
- 6 Thymianzweige
- Salz, Pfeffer, Zucker
- 16 Drillinge
- Meersalz

1 Knoblauchzehen schälen und in Scheiben schneiden. Gänseschmalz mit Knoblauch, Pfefferkörnern, Lorbeerblättern, Estragon- und Thymianzweigen in einen Topf geben. Auf etwa 80 °C erwärmen. Mit Salz, Pfeffer und etwas Zucker würzen.

2 Kartoffeln längs halbieren und etwa 20 Minuten im Schmalz garen. Aus dem Fett nehmen und auf Küchenpapier gründlich entfetten. Vor dem Servieren mit Meersalz und Pfeffer würzen.

ROSINS TIPP: Mit einem großen Salat ein tolles Hauptgericht! Konfieren kommt übrigens von dem französischen Wort ›confire‹ für »einkochen, einlegen, kandieren«. In der herzhaften Küche wird damit das Garen im (eigenen) Fett bei niedrigen Temperaturen bezeichnet. Fleisch oder Geflügel wird durch diese Methode zudem haltbar gemacht.

Rotkohl mit Gänseschmalz

Ich habe es heute noch wie einen Film vor meinen Augen. Mein Lehrherr ist beim Kochen dieses Rotkohlrezepts so vor dem Topf gestanden wie ein Dirigent vor seinem Orchester – eine Prise hiervon, etwas davon, umrühren … Unvergesslich. Und sein Rezept ist für mich heute noch das beste.

> einfach
> 50 Minuten + 1½ Stunden kochen

1,5 kg	Rotkohl
4	Zwiebeln
2	Äpfel
100 g	Gänseschmalz
80 g	Honig
2	Lorbeerblätter
2	Gewürznelken
700 ml	Rotwein
1 l	Gemüsebrühe
50 g	Preiselbeeren (Glas)
	Salz, Pfeffer, Zucker

1 Rotkohl vierteln, den Strunk herausschneiden und in feine Streifen schneiden oder hobeln. Zwiebeln schälen und fein würfeln. Äpfel schälen, vierteln und das Kerngehäuse entfernen.

2 Das Schmalz in einem großen Topf erhitzen. Die Zwiebelwürfel darin glasig dünsten. Den Kohl dazugeben. Apfelviertel, Honig, Lorbeerblätter und Gewürznelken unterrühren. Alles 5 Minuten dünsten. Rotwein und Gemüsebrühe angießen und den Deckel auflegen. Rotkohl etwa 1 ½ Stunden köcheln lassen, bis er ganz weich ist. Preiselbeeren unterrühren. Mit Salz, Pfeffer und Zucker abschmecken.

ROSINS TIPP: Den Rotkohl vor dem Servieren noch einmal mit Essigessenz, Salz und Zucker würzen. Das kitzelt die Aromen hervor.

Schwäbische **Schupfnudeln**

Die in Schwaben »Bubaspitzle« genannten Kartoffelnudeln passen nicht nur zu Saucen und zu Kurzgebratenem, sondern geben auch eine schöne Süßspeise ab. Eine äußerst wandlungsfähige, süddeutsche Variante der italienischen Gnocchi.

> einfach
> 35 Minuten + 20 Minuten kochen

250 g	mehligkochende Kartoffeln
	Salz
1	Eigelb
60 g	Mehl
	Muskatnuss
1–2 EL	Butter

1 Kartoffeln in einem Topf mit Salzwasser in etwa 20 Minuten gar kochen. Abgießen, ausdampfen lassen und pellen. Noch warm durch eine Kartoffelpresse in eine Schüssel drücken. Sofort mit Eigelb und Mehl vermengen. Mit Salz und geriebener Muskatnuss kräftig würzen. Alles zu einem geschmeidigen Teig verkneten.

2 Aus dem Teig eine 6 cm dicke Rolle formen. Die Rolle in 2 cm lange Stücke schneiden. Zwischen beiden Handflächen zu 6 cm langen Schupfnudeln rollen. Sollte der Teig zu weich werden oder klebrig sein, noch etwas Mehl einarbeiten.

3 Salzwasser in einem Topf erhitzen. Die Schupfnudeln hineingeben und warten, bis sie oben schwimmen. Das dauert etwa 5 Minuten. In der Zwischenzeit Butter in einer Pfanne zerlassen. Die Schupfnudeln aus dem Wasser heben und in der Butter anbräunen.

SÜSSE MANDEL-SCHUPFNUDELN: 2 EL Mandelblättchen und 1 EL Butter in einer Pfanne goldgelb rösten, 1 EL Zucker dazugeben und die Mandelblättchen karamellisieren. Die gekochten Schupfnudeln dazugeben und in der Mandelbutter schwenken. Mit etwas Zimt und fein geriebener Orangenschale abschmecken.

Schwäbische **Spätzle**

Spätzle sind im Prinzip nichts anderes als eine süddeutsche Variante der Eiernudel. Ihr Vorteil liegt eindeutig in der schnelleren Zubereitung. Außerdem nehmen sie die beliebten Bratensaucen sehr gut auf und sind eine begehrte Beilage zum Sonntagsbraten.

> schnell
> 15 Minuten

	Salz
2	Eier
250 g	Mehl
	Muskatnuss
50 g	Butter

1 Einen Topf mit Salzwasser zum Kochen bringen. Eier, Mehl, je 1 Prise Salz und Muskatnuss mit 125 ml Wasser in eine Schüssel geben. Mit einem Kochlöffel aufschlagen, bis sich die Zutaten verbunden haben und ein glänzender Teig zäh vom Löffel tropft.

2 In eine Spätzlepresse oder einen Spätzleblitz geben und in das kochende Salzwasser drücken. Sobald die Spätzle oben schwimmen, sind sie gar. Butter in einer Pfanne zerlassen und die fertigen Spätzle darin schwenken.

ROSINS TIPP: Wer es originalgetreu liebt, macht seine Spätzle mit Spätzlebrett und Spätzleschaber. (Es geht aber auch mit einem Holzbrett mit Griff und einem großen Küchenmesser.) Geschabt wird so: Wenn das Wasser kocht, Brett und Schaber anfeuchten. Je nach Größe 2–4 Esslöffel Teig auf dem Brett glatt streichen, eine Ecke des Bretts auf dem Topfrand auflegen, mit dem Schaber schmale Streifen abstechen und direkt ins heiße Wasser schieben. Das ist mit ein bisschen Übung gar nicht so schwierig.

Frank Rosin

Selbst gemachte **Bandnudeln**

Ich hatte früher selbst ab und zu Probleme mit der richtigen Konsistenz von Nudelteig. Doch wenn man es dann geschafft und geschmeckt hat, wie groß der Unterschied zu gekauften Teigwaren ist, macht man sich die Mühe gern.

> verlangt Übung
> 40 Minuten + 30 Minuten ruhen

1 Petersilienblätter fein schneiden. Mehl mit dem Grieß vermischen und eine Mulde hineindrücken. Eier in die Mulde schlagen und salzen. Den Teig so lange durchkneten, bis sich die Zutaten gut verbunden haben. Mit einem Handtuch abdecken und 30 Minuten im Kühlschrank ruhen lassen.

2 Salzwasser in einem Topf erhitzen. Arbeitsfläche mit Mehl bestäuben und darauf den Teig mit einem Nudelholz dünn ausrollen. Nach Anweisung durch die Nudelmaschine drehen oder in etwa 20 cm breite Bahnen schneiden, diese locker zusammenrollen und mit einem scharfen Messer in schmale Streifen schneiden. Nudeln sofort mit mehligen Händen lockern und auf der Arbeitsfläche ausbreiten. Im köchelnden Salzwasser in 3–5 Minuten garen. Durch ein Sieb abgießen.

3 Butter in der Pfanne zerlassen und die gegarten Nudeln dazugeben. Mit Salz, Pfeffer, geriebener Muskatnuss und Petersilie würzen.

1	Handvoll Petersilienblätter
375 g	Mehl
125 g	Hartweizengrieß
4	Eier
	Salz
100 g	Butter
	Pfeffer
	Muskatnuss

Feines **Orangen-sauerkraut**

Sauerkraut ist das Gemüse des Winters, weil die Milchsäurebakterien das Beste aus dem Kraut rausholen. Ich esse es auch kalt. Verfeinert als Orangenkraut ist es mir allerdings lieber.

> einfach
> 30 Minuten

1	Schalotte
80 g	Butter
400 g	Sauerkraut
2	Lorbeerblätter
1	Gewürznelke
400 ml	frisch gepresster Orangensaft
1 EL	Zucker
	abgeriebene Schale von 1 Bio-Orange
	Salz, Pfeffer

1 Schalotte schälen und fein würfeln. 1 EL Butter in einer Pfanne zerlassen und Schalottenwürfel darin glasig dünsten. Sauerkraut, Lorbeerblätter und Gewürznelke dazugeben und kurz mitschmoren. 300 ml Orangensaft aufgießen und aufkochen.

2 So lange kochen lassen, bis der Orangensaft verkocht ist. Restliche Butter und den Zucker dazugeben. Das Kraut goldgelb schmoren lassen. Dabei nach und nach den restlichen Orangensaft dazugeben. Mit Orangenschale, Salz und Pfeffer abschmecken.

ROSINS TIPP: Am besten schon am Vortag zubereiten. Schmeckt aufgewärmt noch besser. Passt sehr gut zu gebratenem Fisch, z. B. dem Zander auf Seite 133.

Kartoffelstampf mit Olivenöl

Irgendwann war ich es leid, ständig den gleichen Kartoffelstampf vorgesetzt zu bekommen. Dann habe ich auf Mallorca Kartoffeln mit Knoblauch und Zwiebeln gegessen, und dieses Gericht war geboren. Endlich eine herzhafte Alternative zum herkömmlichen Püree.

> einfach
> 25 Minuten + 20 Minuten kochen

400 g	mehligkochende Kartoffeln
1 TL	Kümmelsamen
	Salz
8	Schalotten
100 ml	Olivenöl
2 EL	Zucker
50 ml	Gemüsebrühe
	Meersalz
	Zitronensaft

1 Kartoffeln und Kümmel in einen Topf mit Salzwasser geben, aufkochen und in etwa 20 Minuten weich kochen.

2 In der Zwischenzeit die Schalotten schälen und in feine Scheiben schneiden. 1 EL Olivenöl in einer Pfanne erhitzen und die Schalotten darin glasig dünsten. Sobald sie anfangen zu bräunen, den Zucker dazugeben und alles gut durchrühren. Schmoren lassen, bis die Schalotten goldbraun sind. Mit der Gemüsebrühe ablöschen.

3 Kartoffeln abgießen, ausdampfen lassen und pellen. In einer Schüssel zerstampfen. Mit den Schmorschalotten und dem restlichen Olivenöl vermengen. Mit Meersalz und Zitronensaft abschmecken.

ROSINS TIPP: Niemals gewaschene Kartoffeln kaufen. Wenn die Kartoffeln noch von einer Erdschicht umgeben sind, wirkt diese wie eine Schutzhülle, und die Kartoffel behält ihren frischen, erdigen Geschmack.

Erbsen-Minz-Püree
mit brauner Butter

> verlangt Übung
> 40 Minuten

2	Schalotten
100 g	braune Butter (siehe Seite 219)
500 g	Erbsen (frisch oder tiefgekühlt)
800 ml	Gemüsebrühe
100 g	Minzeblätter
	Zitronensaft
	Zucker, Salz

1 Schalotten schälen und fein würfeln. 1 EL braune Butter in einer Pfanne erhitzen und die Schalottenwürfel darin glasig dünsten. Die Erbsen dazugeben. Mit der Gemüsebrühe aufgießen. Aufkochen und so lange köcheln lassen, bis die Hälfte der Flüssigkeit verkocht ist und die Erbsen weich sind. Durch ein feines Sieb abgießen. Die Flüssigkeit auffangen.

2 Erbsen im Mixer oder mit dem Stabmixer pürieren. Nach und nach etwas von der aufgefangenen Flüssigkeit dazugeben, bis ein cremiges Püree entsteht. Durch ein feines Sieb streichen, um die Reste der Erbsenschalen zu entfernen.

3 Das Püree wieder in die Pfanne geben und noch etwas einkochen, sollte es zu weich sein. Minze fein schneiden. Restliche braune Butter und die Minze zum Püree geben. Mit Zitronensaft, Zucker und Salz abschmecken. Sofort servieren.

ROSINS TIPP: Das Püree immer zum Schluss machen und sofort servieren, weil sonst das Aroma verfliegt und das Püree braun wird. Die perfekte Vorspeise für ein feines Menü: Gebratene Jakobsmuscheln und Erbsen-Minz-Püree.

Krosse **Reibeplätzchen**

Reibeplätzchen gehören zu meinen Lieblingsbeilagen. Ich esse immer etwa 25 Stück davon, aber sie müssen kross wie Kartoffelchips ausgebacken sein. Die Kartoffelmasse kann man auch gut als Grundlage für Rösti verwenden.

> einfach
> 45 Minuten

400 g	mehligkochende Kartoffeln
2	Schalotten
	Salz, Pfeffer
1	Ei
3 EL	Mehl
3 EL	Rapsöl

1 Kartoffeln und Schalotten schälen, fein reiben und in einer Schüssel vermengen. Mit Salz und Pfeffer würzen. 5 Minuten stehen lassen. Den Kartoffelsaft herausdrücken, damit die Masse schön trocken wird. Das Ei und das Mehl einarbeiten.

2 Öl in einer Pfanne erhitzen. Mit einem Esslöffel Häufchen von der Kartoffelmasse abstechen, in die Pfanne geben und flach drücken. Von beiden Seiten goldgelb und knusprig braten, herausnehmen und auf Küchenpapier entfetten. Vorgang eventuell wiederholen, bis die ganze Kartoffelmasse verbraucht ist.

> **ROSINS TIPP:** Für besondere Anlässe die gebackenen Reibeplätzchen mit einem Ausstecher rund ausstechen.

Serviettenknödel
klassisch

Unsere Omas und Mütter haben die Knödel zum Garen tatsächlich in Servietten oder Leinenküchentücher gewickelt – daher der Name. Die Art der Zubereitung ist vor langer Zeit wohl von Böhmen über Österreich nach Thüringen und Oberfranken gekommen. Heute schätzen wir daran, dass sich die Beilage gut vorbereiten lässt und Reste – in Scheiben geschnitten und in der Pfanne kross gebraten – fast noch besser schmecken.

> einfach
> 35 Minuten + 15 Minuten ruhen + 1 Stunde kochen

- 1 Bund Petersilie
- 1 Zwiebel
- 50 g Butter
- 6 trockene Brötchen
- 300 ml Milch
- 2 Eigelb
- 1 Ei
- 100 g Mehl
- Muskatnuss
- Salz, Pfeffer

1 Petersilienblätter fein schneiden. Zwiebel schälen und fein würfeln. Butter erhitzen, Zwiebel dazugeben und darin glasig andünsten. Brötchen grob würfeln, in eine große Schüssel geben und mit der Butter-Zwiebel-Mischung übergießen. Milch, Eigelbe, Ei, Mehl und Petersilie dazugeben. Alles gut vermengen. Würzen und 15 Minuten ruhen lassen.

2 Wasser in einem Topf aufkochen. Knödelmasse auf einen Bogen Frischhaltefolie geben und zu einer festen Wurst rollen. Knödelwurst in das köchelnde Wasser geben und in 1 Stunde gar ziehen lassen. Herausnehmen, aus der Folie wickeln und zum Servieren in Scheiben schneiden.

Semmelknödel
mit Petersilie

Wenn Knödel übrig bleiben – ein Resteessen mit Semmelknödeln ist für mich ein Festschmaus. Dafür die Knödel würfeln und anbraten. Ein Ei darüberschlagen, Gewürzgurke dazu und fertig. Geht natürlich auch mit Serviettenknödelresten.

> einfach
> 30 Minuten + 20 Minuten ruhen + 20 Minuten kochen

- 1 Schalotte
- 2 Scheiben roher Schinken
- 2 EL Butter
- 6 trockene Brötchen
- 140 ml Milch
- Salz
- 1 Bund glatte Petersilie
- 3 Eier
- Muskatnuss

1 Schalotte schälen und fein würfeln. Schinken ebenfalls fein würfeln. 1 EL Butter in einer Pfanne zerlassen, Schinken- und Schalottenwürfel darin glasig dünsten. Brötchen in Würfel schneiden. Milch mit restlicher Butter (1 EL) in einem Töpfchen erwärmen und über die Brötchen gießen. Schinken- und Schalottenwürfel dazugeben. Alles gut vermengen und etwa 10 Minuten ruhen lassen.

2 Salzwasser in einem Topf aufkochen. Petersilienblättchen fein schneiden. Eier und Petersilie in die Brötchenmasse einarbeiten. Mit Salz und geriebener Muskatnuss abschmecken. Noch einmal 10 Minuten ruhen lassen. Aus der Masse mit feuchten Händen 8 Knödel formen. In das siedende Wasser geben und 20 Minuten ziehen lassen.

Frank Rosin

Kürbispüree mit eingelegtem Ingwer

Der eingelegte Ingwer ist nicht so scharf wie frischer und gibt dem Kürbispüree einen ganz besonderen Pfiff.

> einfach
> 1 Stunde

1	Hokkaido (etwa 2 kg)
1	Gemüsezwiebel
125 g	Butter
	Zucker
1 l	Gemüsebrühe
	Salz, Pfeffer
25 g	eingelegter Ingwer

1 Oberen und unteren Deckel vom Kürbis abschneiden, Kürbis halbieren und Kerne mit einem Löffel entfernen. Kürbisfleisch grob zerkleinern. Zwiebel schälen und grob zerkleinern. Butter bei mittlerer Hitze in einem großen Topf zerlassen, aber nicht bräunen. Zwiebel glasig dünsten. Kürbisfleisch in den Topf geben. Alles gut verrühren und schmoren lassen.

2 Sobald die komplette Garflüssigkeit verkocht ist, 2 EL Zucker dazugeben und Gemüsebrühe angießen. Aufkochen und bei niedriger Hitze etwa 25 Minuten köcheln lassen, zwischendurch umrühren. Wenn die Flüssigkeit verkocht ist, vom Herd nehmen. Mit einem Stabmixer pürieren. Mit Salz, Pfeffer, Zucker und gehacktem eingelegtem Ingwer abschmecken.

> **ROSINS TIPP:** Das Rezept funktioniert auch mit Butternusskürbis, der aber geschält werden muss.

Graupenrisotto mit Pecorino

Perlgraupen sind geschälte und polierte Gersten- oder Weizenkörner, die schon seit dem 17. Jahrhundert vor allem für Suppen und Eintöpfe verwendet werden. Mit diesem leichten Rezept habe ich schon die größten Graupenkritiker überzeugt. Es ist wundervoll cremig und hat einen ganz zarten Biss. Eine tolle Alternative zu Reis!

> einfach
> 20 Minuten + 40 Minuten kochen

1	Schalotte
1 EL	Butter
250 g	Perlgraupen
1	Lorbeerblatt
1	Gewürznelke
250 ml	Weißwein
250 ml	Gemüsebrühe
60 g	Pecorino

1 Schalotte schälen und fein würfeln. Butter in einem Topf zerlassen und die Schalotten darin glasig dünsten. Die Graupen dazugeben und kurz mitdünsten. Lorbeerblatt und Gewürznelke hinzufügen. Mit dem Weißwein ablöschen und mit der Gemüsebrühe auffüllen. 10 Minuten köcheln lassen.

2 Vom Herd nehmen und 30 Minuten quellen lassen. Pecorino fein reiben. Vor dem Servieren Lorbeerblatt und Gewürznelke entfernen und den Pecorino unterrühren.

ROSINS TIPP: Graupenrisotto hat den Vorteil, dass man nicht, wie beim Reisrisotto, ständig rühren muss. Funktioniert natürlich auch mit Parmesan statt Pecorino und passt super zu gebratenen Pilzen.

Desserts

Karamellisierter **Limettenkuchen**

Der Kuchen stammt wohl eigentlich aus England, ich kenne ihn aber von meiner Tante. Er schmeckt ganz frisch am besten: pures Limettenaroma mit einem buttrigen Nachhall.

> braucht Vorbereitung
> 45 Minuten + 1 Stunde kühlen + 2 Stunden backen

250 g	Mehl
125 g	kalte Butter, in Stücken
7	Eier
1	Prise Salz
130 g	Sahne
170 g	Zucker
	Saft von 8 Limetten
	abgeriebene Schale von 3 Bio-Limetten
	Puderzucker

1 Mehl, Butter, 1 Ei und Salz vermengen und rasch mit den Händen zu einem geschmeidigen Teig kneten. Zur Kugel rollen, in Frischhaltefolie packen und mindestens 1 Stunde im Kühlschrank ruhen lassen.

2 Backofen auf 170 °C Umluft vorheizen. Teig ausrollen, in eine Backform (20 x 20 cm) geben, einen Rand ausformen und die Ränder gut mit Teig abdecken, damit beim Backen keine Füllung auslaufen kann. Im Ofen auf mittlerer Schiene 15 Minuten blindbacken. Herausnehmen und die Hülsenfrüchte entfernen. Backofentemperatur auf 110 °C senken.

3 In der Zwischenzeit für die Füllung die Sahne steif schlagen. Übrige Eier (6 Stück) und den Zucker 6 Minuten lang schaumig schlagen. Limettensaft und -schale dazugeben. Geschlagene Sahne unterheben. Füllung auf den noch heißen Teig geben. Im Ofen auf mittlerer Schiene 2 Stunden backen. Herausnehmen, auskühlen lassen und aus der Form lösen.

4 Vor dem Servieren in Stücke schneiden. Die Stücke mit Puderzucker bestreuen. Mit einem Bunsenbrenner karamellisieren und sofort servieren.

ROSINS TIPP: Bunsenbrenner gibt es für ein paar Euro im Baumarkt. Die leicht bittere Karamellschicht bildet einen schönen Kontrast zur weichen süßen Füllung. Der Kuchen schmeckt auch mit Maracuja hervorragend.

Warmer Pfirsich in Pergamentpapier

Dieses warme Fruchtdessert servieren wir im Restaurant Rosin zu Rohmilchkäse. Wenn man das Pergamentpapier öffnet und einem das Aroma des Pfirsichs in die Nase steigt: Das ist eine Offenbarung.

> einfach
> 40 Minuten

- 2 Stängel Zitronengras
- 2 Pfirsiche
- 8 Gewürznelken
- 8 Sternanise
- 10 Kaffirlimettenblätter
- 4 TL Honig

1 Backofen auf 180 °C Umluft vorheizen. Zitronengras klein schneiden. Pfirsiche längs halbieren, entsteinen und das Fruchtfleisch viermal quer einritzen, damit der Pfirsich die Aromen aufnehmen kann. 4 Blätter Pergamentpapier (25 × 20 cm) auf ein Backblech legen.

2 Gewürznelken, Sternanise und Kaffirlimettenblätter auf dem Pergament verteilen. Die Pfirsichhälften mit dem Anschnitt nach unten auf die Gewürze legen. Pfirsiche mit dem Honig einpinseln. Je 1 weiteres Blatt Pergamentpapier über die Pfirsichhälften legen. Pergamentpapier an den Rändern zusammenfalten. Pfirsiche im Ofen auf mittlerer Schiene 12–15 Minuten garen. Herausnehmen und mit dem Papier auf Teller setzen. Päckchen erst am Tisch öffnen.

> **ROSINS TIPP:** Das Pergament sorgt dafür, dass die Aromen gut eindringen und das Fruchtfleisch nicht austrocknet. Bitte darauf achten: Die Pfirsiche müssen wirklich reif sein. Ein Rosmarinzweig passt zusätzlich zu den Gewürzen.

Gesalzenes **Vanilleeis** mit Erdbeeren

Schon unsere Omas wussten, dass Kuchenteig mit einer Prise Salz besser schmeckt. Ich habe mich früher immer geärgert, dass das Vanillearoma in Cremes oder Eis zu schwach war. Glücklicherweise erinnerte ich mich dann an den Tipp meiner Oma.

> braucht Vorbereitung
> 35 Minuten + kühlen

VANILLEEIS

125 ml	Milch
250 g	Sahne
	Mark von 1 Vanilleschote
4	Eigelb
100 g	Zucker
1	Messerspitze Meersalz
100 ml	Whisky

ERDBEEREN

200 g	Erdbeeren
2 EL	Puderzucker
	Zitronensaft
4	Minzespitzen

1 Milch, Sahne und Vanillemark in einen Topf geben und aufkochen. Eigelbe und Zucker in einer Metallschüssel verrühren. Vanillesahne unter stetigem Rühren in langsamem Strahl zur Eiermischung gießen.

2 Schüssel auf ein Wasserbad setzen, das Meersalz und den Whisky dazugeben und die Creme zur Rose abziehen (siehe Tipp). Alles durch ein Sieb passieren und abkühlen lassen. In der Eismaschine nach Herstelleranleitung zu einem cremigen Eis rühren. Im Tiefkühler aufbewahren und 5 Minuten vor dem Servieren herausnehmen.

3 Erdbeeren vom Stielansatz befreien und vierteln. Puderzucker in einer Pfanne karamellisieren lassen und die Erdbeeren darin durchschwenken. Vom Herd nehmen. Mit etwas Zitronensaft beträufeln. Nocken vom Vanilleeis abstechen und mit den Erdbeeren anrichten. Mit Minzespitzen dekorieren.

> **ROSINS TIPP:** »Zur Rose abziehen« nennt man das langsame Eindicken von Saucen oder Cremes über dem heißen Wasserbad. Dabei rührt man so lange kräftig mit einem Schneebesen, bis die Masse eine cremige Konsistenz bekommt. Wenn man dann einen Holzlöffel eintaucht und auf die Rückseite pustet, bilden sich kreisförmige Wellen, die wie die Blattrosette einer Rose aussehen.

Kaffeemousse
mit Rum

Diese Mousse ist ein gutes Beispiel dafür, wie man aus einfachen Zutaten durch Aufschlagen über dem Wasserbad etwas ganz Köstliches zaubern kann.

> verlangt Übung
> 40 Minuten + 3 Stunden kühlen

300 g	Vollmilchkuvertüre
50 ml	Rum
20 g	Instantkaffee
4	Eier
180 g	Puderzucker
200 g	Sahne

1 Kuvertüre in eine Metallschüssel geben und über dem Wasserbad schmelzen. Rum erwärmen und das Kaffeepulver darin auflösen. Eier trennen. Eiweiße steif schlagen, dabei die Hälfte des Puderzuckers nach und nach einrieseln lassen. Weiterschlagen, bis ein glänzender Eischnee entstanden ist. Sahne steif schlagen.

2 Eigelbe und restlichen Puderzucker (90 g) in eine Metallschüssel geben. Über dem Wasserbad mit einem Schneebesen etwa 5 Minuten schaumig rühren. Herunternehmen und sofort die geschmolzene Kuvertüre unterrühren, dann den aufgelösten Kaffee dazugeben. Die geschlagene Sahne vorsichtig und immer nur löffelweise von unten nach oben unter die Ei-Kaffee-Masse heben. Zum Schluss genauso den Eischnee unterheben. Die Mousse mindestens 3 Stunden kalt stellen.

> **ROSINS TIPP:** Das Aufschlagen von Ei und Zucker über dem warmen Wasserbad ist eine klassische Technik, die wir beispielsweise auch von Weinschaumcremes kennen. Es sorgt für Bindung und gleichzeitig mehr Stand in der Creme. Außerdem verbindet es perfekt die unterschiedlichen Aromen.

Apfel-Karamell-Tarte aus der Pfanne

Dieser Apfelkuchen schmeckt mir unglaublich gut. Durch das Karamellisieren der Äpfel und die Säure der Zitrone bekommt er ein einmalig sinnliches Aroma.

> einfach
> 40 Minuten + 15 Minuten backen + 10 Minuten abkühlen

4	Äpfel
50 g	Butter
	Mark von 1 Vanilleschote
100 g	Puderzucker
100 ml	Calvados oder Rum
1 TL	Vanillepuddingpulver
	abgeriebene Schale von ½ Bio-Zitrone
1	Stück Blätterteig (20 × 20 cm)

1 Äpfel schälen, Kerngehäuse entfernen und Äpfel in Spalten schneiden. Butter in einer kleinen ofenfesten Pfanne (16 cm Ø) zerlassen. Apfelspalten darin anschwitzen. Vanillemark dazugeben. Mit Puderzucker bestreuen und karamellisieren lassen. Sobald der Puderzucker karamellisiert ist, mit Calvados oder Rum ablöschen und flambieren. Mit Vanillepuddingpulver bestäuben. Vom Herd nehmen und 5 Minuten abkühlen lassen.

2 Backofen auf 180 °C Umluft vorheizen. Zitronenschale auf die Apfelspalten streuen. Blätterteig auf die Äpfel legen und am Rand lückenlos bis auf den Boden der Pfanne drücken. Auf mittlerer Schiene im Ofen in 15 Minuten goldgelb backen. Herausnehmen und 10 Minuten abkühlen lassen. Aus der Pfanne stürzen, vierteln und auf Teller verteilen.

ROSINS TIPP: Durch das Flambieren verfliegt der Alkohol und nur das Calvados- oder Rumaroma bleibt im Dessert zurück. Der Alkohol hat nämlich geschmacklich einen ziemlich »fiesen« Unterton, der sich durch das Erhitzen einfach in Luft auflöst. Das Rezept klappt auch mit Birnen oder Bananen sehr gut. Lecker dazu: aufgeschlagene Crème fraîche.

ROSINS TIPP: Durch das Temperieren wird das Parfait cremiger und lässt sich besser schneiden.

Kirschparfait
mit Zitronengras

Ein schönes Eisdessert, für das man keine Eismaschine braucht. Mir gefällt besonders, wie sich Zitronengras-, Gewürznelken- und Kirscharoma zu einem perfekten Dreiklang vereinen.

> braucht Vorbereitung
> 1 Stunde + 1 Tag kühlen

100 g	Zitronengras
1 l	Kirschsaft
5	Gewürznelken
8	Blatt Gelatine
6	Eigelb
100 g	Zucker
100 ml	Kirschsirup
300 g	Sahne
300 g	Crème fraîche

1 Zitronengras fein schneiden. Kirschsaft, Gewürznelken und Zitronengras in einen Topf geben und aufkochen. Köcheln und auf 500 ml einkochen lassen. Vom Herd nehmen. Gelatine in etwas Wasser einweichen.

2 Eigelbe und Zucker in eine Metallschüssel geben und über dem Wasserbad 5 Minuten mit dem Schneebesen aufschlagen. Eingekochten Kirschsaft und Kirschsirup dazugeben, noch einmal etwa 5 Minuten aufschlagen, bis eine geschmeidige Creme entstanden ist. Gelatine ausdrücken und unterrühren. Vom Wasserbad nehmen und Creme durch ein Sieb in eine Schüssel passieren.

3 In den Kühlschrank stellen. Sahne und Crème fraîche getrennt steif schlagen. Wenn die Kirschmasse anfängt zu gelieren, beides unterheben. Eine Kastenform mit Frischhaltefolie auslegen und die fertige Masse einfüllen. Mindestens 1 Tag tiefkühlen.

4 Vor dem Servieren das Parfait aus dem Tiefkühler nehmen und 5 Minuten im Kühlschrank temperieren lassen. Auf eine Platte stürzen, die Folie entfernen und das Kirschparfait in dicke Scheiben schneiden. Auf gekühlten Tellern anrichten.

Biskuitrolle
mit Zitronencreme

Kuchen als Dessert zu servieren, ist eine Tradition, die aus Frankreich und Italien stammt. Die cremige Zitronenrolle passt natürlich auch perfekt auf jede Kaffeetafel.

> braucht Vorbereitung
> 1 ½ Stunden + 4 Stunden kühlen

BISKUIT
- 120 g Zucker
- 3 Eier
- 3 Eigelb
- 1 Päckchen Vanillezucker
- ½ TL Backpulver
- 70 g Mehl

ZITRONENCREME
- 2 Bio-Zitronen
- 3 Eier
- 90 g Zucker
- 6 Blatt Gelatine
- 125 g Sahne
- Salz

GARNITUR
- 300 g Mandeln (geschält)
- Puderzucker

1 Für den Biskuitboden den Backofen auf 160 °C vorheizen. Ein Backblech mit Backpapier auslegen. Ein weiteres Backblech mit 40 g Zucker bestreuen. Eier, Eigelbe und restlichen Zucker (80 g) 5 Minuten schaumig schlagen. Vanillezucker dazugeben und weitere 3 Minuten rühren. Backpulver und Mehl durchsieben und unterheben. Die Masse auf dem Backpapier verteilen und glatt streichen. Im Ofen auf mittlerer Schiene 8 Minuten backen. Biskuitboden sofort nach dem Backen vom Blech nehmen, auf das mit Zucker bestreute Blech legen, das Backpapier abziehen und den Boden abkühlen lassen.

2 Für die Zitronencreme die Zitronen auspressen und die Schale fein abreiben. Die Eier trennen. Eigelbe mit 5 EL heißem Wasser schaumig rühren, nach und nach den Zucker einrieseln lassen. Weiterschlagen, bis eine cremige Masse entsteht. Zitronensaft und -schale unterrühren. Gelatine mit 3 EL heißem Wasser einweichen und langsam erwärmen, bis sie sich auflöst. 2 EL der Zitronenmasse in die aufgelöste Gelatine rühren. Gelatine-Zitronen-Mischung in die restliche Zitronenmasse rühren. Zitronencreme kalt stellen.

3 Mandeln hacken und in einer Pfanne ohne Fett goldgelb rösten. Beiseitestellen. Eiweiße mit 1 Prise Salz steif schlagen. Sahne ebenfalls steif schlagen. Wenn die Masse anzudicken beginnt, Eischnee und geschlagene Sahne vorsichtig mit einem Schneebesen unterheben. Die zähflüssige Masse auf den abgekühlten Biskuitboden streichen. Von der breiten Seite her aufrollen und die Zitronenrolle 4 Stunden kalt stellen. Vor dem Servieren die Zitronenrolle in den gehackten Mandeln wälzen, mit Puderzucker bestäuben und in Scheiben schneiden. Auf Tellern anrichten und sofort servieren.

ROSINS TIPP: Die Zitronenrolle mit einem nassen Messer schneiden, dann bleibt nichts hängen und man erhält eine saubere Schnittfläche.

Hamburger Rote Grütze mit Vanillesauce

Ich war früher nie ein großer Rote-Grütze-Fan. Erst dieses Rezept hat mich überzeugt. Und ich esse Rote Grütze am liebsten nur mit Kondensmilch. Aber Vanillesauce ist natürlich auch lecker.

> verlangt Übung
> 1 ½ Stunden + 2 Stunden kühlen

ROTE GRÜTZE

200 g	Kirschen
200 g	Erdbeeren
200 g	Brombeeren
200 g	Johannisbeeren
300 g	Himbeeren
250 g	Zucker
	Mark von 2 Vanilleschoten
1	Zimtstange
250 ml	Rotwein
250 ml	Weißwein
100 g	Vanillepuddingpulver
	Zitronensaft

VANILLESAUCE

	Mark von 1 Vanilleschote
375 g	Sahne
75 g	Zucker
8	Eigelb

1 Für die Grütze Kirschen entkernen, Erdbeeren von den Kelchen befreien, Brombeeren, Johannisbeeren und Himbeeren, wenn nötig, von den Stielen zupfen. Zucker in einem Topf karamellisieren lassen. Vanillemark und Zimtstange zum Zucker geben. Den Karamell mit Rotwein und Weißwein ablöschen. Aufkochen und das Vanillepuddingpulver unterrühren. Den Sud mindestens 10 Minuten kochen lassen.

2 Wenn die Sauce angedickt ist, die Hälfte der Früchte dazugeben und mitköcheln lassen, bis sie weich sind. Vom Herd nehmen, die Zimtstange entfernen und mit dem Stabmixer pürieren. Die restlichen Früchte und etwas Zitronensaft unterheben. Abkühlen lassen und bis zum Servieren mindestens 2 Stunden kalt stellen.

3 Für die Vanillesauce Vanillemark, Sahne und Zucker in einen Topf geben und aufkochen. Vom Herd nehmen und etwas abkühlen lassen. Eigelbe in eine Schüssel geben, mit 3 Kellen von der warmen Vanillesahne vermischen. Eigelbmischung mit einem Schneebesen langsam in die restliche Vanillesahne rühren. Bei geringer Hitze langsam aufkochen lassen, ab und zu umrühren. Vom Herd nehmen und durch ein Haarsieb passieren. Rote Grütze mit der Vanillesauce servieren.

ROSINS TIPP: Das Vanillepuddingpulver muss mindestens 10 Minuten kochen, damit die Grütze nicht dumpf schmeckt. Bei der Vanillesauce kann es passieren, dass die Eier gerinnen und sich kleine Eistückchen bilden. Durch das Durchsieben werden diese entfernt.

Bratäpfel mit Marzipanfüllung

So gut das Rezept auch ist und wie lecker auch diese Bratäpfel schmecken, dazu muss es Vanillesauce (siehe Seite 189) oder Vanilleeis (siehe Seite 178) geben. Apfelsäure, Marzipansüße und Vanillearoma sind ein unschlagbarer Dreiklang.

> einfach
> 30 Minuten + 20 Minuten backen

- 2 EL Mandelblättchen
- 1 EL Butter
- 4 Äpfel (z. B. Boskop)
- 50 g Marzipan
- 25 g Rosinen
- 1 TL Aprikosenkonfitüre
- 1 Messerspitze gemahlener Zimt
- Zitronensaft
- 4 Butterflöckchen

1 Backofen auf 180 °C vorheizen. Mandelblättchen in einer Pfanne ohne Fett goldgelb rösten. Butter zerlassen. 4 Lagen Alufolie (20 × 20 cm) mit Butter bepinseln. Äpfel vom Kerngehäuse befreien.

2 Für die Füllung Marzipan, Mandelblättchen, Rosinen, Konfitüre, Zimt und 1 Spritzer Zitronensaft miteinander vermengen. Mit einem Teelöffel in die Öffnung der Äpfel geben und mit einem Löffelstiel hineindrücken. Auf jeden Apfel 1 Butterflöckchen geben.

3 Äpfel in die Alufolie wickeln, die oben offen bleibt, und auf ein Backblech setzen. Auf mittlerer Schiene im Ofen 20 Minuten backen. Herausnehmen und mit Folie auf den Teller setzen. Sofort servieren.

ROSINS TIPP: Um die Aromen von Nusskernen oder auch Gewürzsamen besser hervorzuheben, röstet man sie vor dem Weiterverarbeiten in einer Pfanne ohne Fett vorsichtig an. Diese Technik ist in der süd- und südost-asiatischen Küche weit verbreitet und von dort nach Europa gekommen. Kräuter und Knoblauch werden dagegen ins warme Fett (Olivenöl, Butter) gegeben, um ihre Aromen auf andere Zutaten zu übertragen.

Frank Rosin

Geschmorte **Cassisfeigen**

Die Cassisfeigen passen als Dessert perfekt zu der Mousse auf Seite 181.
Im Restaurant Rosin servieren wir sie außerdem häufig zu Rohmilchkäse.

> verlangt Übung
> 20 Minuten + 30 Minuten garen + 10 Minuten kochen

130 g	Zucker
4	Feigen
300 ml	Cassis
1	Zimtstange
1	Gewürznelke

1 Backofen auf 160 °C Umluft vorheizen. Zucker in einem Topf bei mittlerer Hitze karamellisieren lassen. Die Feigen mit einer Messerspitze an einer Stelle leicht einritzen, mit der geritzten Stelle in den Karamell setzen und sofort mit dem Cassis ablöschen. Zimtstange und Gewürznelke dazugeben. Topf samt Inhalt auf die mittlere Schiene in den Ofen stellen. Feigen 30 Minuten schmoren lassen.

2 Herausnehmen und die Feigen aus dem Sud nehmen, die Zimtstange und Gewürznelke entfernen. Sud in einen Topf geben und so lange einkochen lassen, bis er eine sirupartige Konsistenz bekommt, das dauert etwa 10 Minuten. Feigen auf Teller verteilen und mit dem Sirup beträufeln.

ROSINS TIPP: Beim Karamellisieren entwickeln sich leichte Bitternoten, die den Zucker weniger süß schmecken lassen. Die Flüssigkeit, die beim Erhitzen der Feigen entsteht, löst das Karamell und die Aromen können sich perfekt verbinden. Wer Zeit hat, sollte die Feigen ruhig 1–2 Tage vor dem Servieren zubereiten und im Sud aufbewahren, dann schmecken sie noch besser. Fein geriebene Orangen- und Zitronenschale passen ebenfalls gut in den Sud.

Klassische **Herrencreme**

Herrencreme gab es in Deutschlands Küchen in den 1980er-Jahren fast jeden Sonntag nach dem Mittagessen. In der Zwischenzeit ist sie fast in der Versenkung verschwunden. Schade eigentlich! Lassen wir diesen Brauch doch wieder aufleben.

> einfach
> 40 Minuten + 1 Stunde kühlen

1 l	Milch
5 EL	Zucker
	Mark von 1 Vanilleschote
8 EL	Speisestärke
4	Eier
100 g	Zartbitterschokolade
100 g	Sahne
100 ml	Rum

1 Milch, 4 EL Zucker, Vanillemark und Speisestärke in einen Topf geben und aufkochen. Vom Herd nehmen und etwas abkühlen lassen. Eier trennen und Eigelbe mit dem restlichen Zucker (1 EL) etwa 5 Minuten mit dem Schneebesen aufschlagen. Nach und nach unter die warme Milchmischung rühren. Mit Frischhaltefolie abdecken und mindestens 1 Stunde in den Kühlschrank stellen.

2 Schokolade reiben. Sahne und Eiweiße getrennt steif schlagen. Kalte Puddingmasse aus dem Kühlschrank mit einem Schneebesen glatt rühren. Rum und Schokolade unterrühren. Sahne und Eiweiße nacheinander unterheben. Auf Dessertschalen verteilen und servieren.

> **ROSINS TIPP:** Dieses Grundrezept kann man ganz einfach variieren, indem man die Schokolade durch Smarties, Schokokaffeebohnen, Espresso oder Fruchtpüree ersetzt.

techn. Abteilung

0800 91 00 300

Störung

Fruchtiger **Mandarinenschmand**

Dieses Dessert schmeckt einfach genial. Das Abreiben der Mandarinenschale mit dem Würfelzucker erfordert etwas Geduld. Wenn aber alles fertig ist, dann freut man sich über den vollen Mandarinengeschmack.

> einfach
> 45 Minuten + 3 Stunden kühlen

6	Blatt Gelatine
15	Mandarinen, davon 9 Bio-Mandarinen
165 g	Würfelzucker
	Mark von 1 Vanilleschote
	Saft von 2 Zitronen
300 g	Schmand
	Honig

1 Gelatine in etwas Wasser einweichen. Von den Bio-Mandarinen vorsichtig mit dem Würfelzucker die Schale abreiben. Die 9 Mandarinen auspressen. Ein Viertel des Safts mit dem Mandarinenzucker und dem Vanillemark in einem Topf erhitzen. Gelatine ausdrücken und in die Saftmischung rühren, bis sich die Gelatine aufgelöst hat. Restlichen Mandarinensaft, Zitronensaft und Schmand unterrühren. In vier Gläser füllen und 3 Stunden kühl stellen.

2 Vor dem Servieren 4 Mandarinen schälen, Filets herausschneiden und auf die gestockte Mandarinenmousse verteilen. Die restlichen 2 Mandarinen auspressen und den Saft mit etwas Honig verrühren. Die Mandarinenfilets damit beträufeln. Sofort servieren.

ROSINS TIPP: Die Creme sollte sofort gegessen werden, weil sie schnell an Aroma verliert.

Süße Maultaschen mit Marzipan-Mandel-Füllung und Joghurtsauce

Nudeln können auch süß! Das haben schon unsere Omas gewusst, sie in Milch gekocht, mit Zimtzucker bestreut und zu einem Kompott serviert. Das hier ist eine feine Variante dieser Idee.

> braucht Vorbereitung
> 1 Stunde + 30 Minuten kühlen

MAULTASCHEN

150 g	warme Butter
450 g	Mehl
5	Eier
2	Prisen Salz
1	Messerspitze Puderzucker
	Mark von 1 Vanilleschote
100 g	Mandelblättchen
150 g	Marzipan
150 g	Nugat
1	Eigelb
1 TL	Zucker

JOGHURTSAUCE

1	Bio-Zitrone
800 ml	Joghurt
	Mark von 1 Vanilleschote
80 g	Puderzucker

1 Für den Maultaschenteig Butter, Mehl, Eier, Salz, Puderzucker und das Mark von 1 Vanilleschote in einer Schüssel vermengen. Zu einem geschmeidigen Teig kneten. Zur Kugel rollen, in Frischhaltefolie packen und 30 Minuten im Kühlschrank ruhen lassen.

2 Für die Füllung Mandelblättchen in einer Pfanne ohne Fett rösten. Vom Herd nehmen und abkühlen lassen. Marzipan, Mandelblättchen und Nugat miteinander verkneten. Beiseitestellen.

3 Für die Joghurtsauce von der Zitrone die Schale abreiben und den Saft auspressen. Joghurt, Zitronenschale, -saft und das Vanillemark verrühren. Den Puderzucker darübersieben und einarbeiten.

4 Teig 3 mm dick ausrollen und 24 Kreise (5 cm Ø) ausstechen. Auf 12 Teigkreisen die Mandel-Marzipan-Füllung so verteilen, dass der Rand frei bleibt. Die Ränder mit Eigelb einpinseln und mit den anderen 12 Kreisen bedecken. Ränder gut andrücken, damit die Taschen geschlossen bleiben.

5 Wasser mit Zucker in einem Topf erhitzen. Die Maultaschen kurz vor dem Servieren ins siedende Wasser geben und etwa 5 Minuten garen. Herausnehmen und trocken tupfen. Die Joghurtsauce in tiefe Teller geben und die Maultaschen darauf verteilen.

ROSINS TIPP: Der Nudelteig lässt sich am besten zwischen zwei Lagen Frischhaltefolie ausrollen (oder natürlich mit der Nudelmaschine). Die Maultaschen unbedingt erst kurz vor dem Servieren kochen, sonst werden sie matschig.

Grießflammeri mit marinierten Zwetschgen

Das ist wirklich ein Klassiker unter den deutschen Desserts. Wer ihn für Kinder servieren will, lässt den Alkohol einfach weg.

> braucht Vorbereitung
> 1 ½ Stunden + 4 Stunden marinieren

1 Für die marinierten Zwetschgen die Zwetschgen vierteln, dabei den Stein entfernen. Zitronengras fein schneiden. Zucker in einem Topf karamellisieren lassen. Zitronengras, Gewürznelken und Vanillemark dazugeben und unterrühren. Mit Pflaumensaft ablöschen und auf 200 ml einkochen lassen. Das dauert etwa 20 Minuten. Den Sud durch ein Sieb abgießen und den Zwetschgenbrand dazugeben. Die Zwetschgenviertel hineinlegen und mindestens 4 Stunden marinieren.

2 Für den Grießflammeri Milch (bis auf 3 EL) mit Zucker, Vanilleschote und Salz in einem Topf aufkochen. Vanilleschote entfernen und den Grieß einrühren. Bei geringer Hitze 10 Minuten quellen lassen. Zitrone auspressen und die Schale fein abreiben. Eier trennen. Eiweiße steif schlagen. Eigelbe mit restlicher Milch (3 EL) glatt rühren. Grieß vom Herd nehmen und die Eigelbmilch unterrühren. Eischnee, Zitronensaft und -schale unterheben.

3 Kurz vor dem Servieren die Zwetschgen durch ein Sieb abschütten. Den Zwetschgensud in einen Topf geben und einkochen, bis er dicklich und geschmacksintensiv wird. Die marinierten Zwetschgen kurz darin erwärmen. Grießflammeri auf Teller verteilen und mit den warmen Zwetschgen servieren.

ZWETSCHGEN

12	Zwetschgen
2	Stängel Zitronengras
50 g	Zucker
5	Gewürznelken
	Mark von 2 Vanilleschoten
800 ml	Pflaumensaft
20 ml	Zwetschgenbrand

GRIESSFLAMMERI

1 l	Milch
100 g	Zucker
1	Vanilleschote
1	Prise Salz
225 g	Grieß
½	Bio-Zitrone
2	Eier

> **ROSINS TIPP:** Durch den Eischnee bleibt die Grießmasse locker und fluffig. Vorsichtiges Unterheben sorgt dafür, dass die eingeschlagene Luft erhalten bleibt.

Pfannkuchen mit karamellisierten Orangen

Die Orange als Aromalieferant habe ich lange unterschätzt. Die Kombination von Safran, Nelken und Vanille kitzelt aus ihnen ein tolles Geschmacksspektrum heraus, von dem ich zunächst total überrascht war.

> einfach
> 50 Minuten

PFANNKUCHEN

- 1 Eiweiß
- 1 Ei
- 1 Prise Salz
- 120 g Mehl
- 15 g Zucker
- ½ Päckchen Vanillezucker
- 120 ml Milch
- 50 ml Mineralwasser mit Kohlensäure
- abgeriebene Schale von 1 Bio-Zitrone
- Rapsöl
- Puderzucker

ORANGEN

- 3 Bio-Orangen
- 50 g Zucker
- 3 Gewürznelken
- 1 g Safran
- Mark von ½ Vanilleschote
- 20 ml Grand Marnier

1 Für den Pfannkuchenteig das Eiweiß steif schlagen. Ei, Salz, Mehl, Zucker, Vanillezucker, Milch, Mineralwasser und Zitronenschale in einer Schüssel zu einem dickflüssigen Teig verrühren. Eiweiß unterheben. 10 Minuten ruhen lassen.

2 In der Zwischenzeit für die karamellisierten Orangen die Schale der Orangen abreiben, die Filets herausschneiden und den Saft auffangen. Den Zucker in einem Topf karamellisieren. Gewürznelken und Safran dazugeben und mit dem aufgefangenen Orangensaft ablöschen. Orangenschale und Vanillemark dazugeben. Flüssigkeit einkochen, bis ein Sirup entsteht. Orangenfilets mit dem Grand Marnier vermengen. Sirup durch ein Sieb zu den Orangenfilets gießen.

3 Eine beschichtete Pfanne erwärmen und mit etwas Öl ausstreichen. Aus dem Teig bei geringer Hitze 4 große oder 8 kleine Pfannkuchen backen. Diese sollten nicht bräunen, sondern möglichst hell bleiben. Die Pfannkuchen auf Teller legen, die Orangenfilets mit der Marinade darüber verteilen. Mit Puderzucker bestäuben und servieren.

ROSINS TIPP: Die Kohlensäure des Mineralwassers sorgt dafür, dass Luft in den Teig kommt. Das macht die Pfannkuchen locker. Das Vanilleeis von Seite 178 passt sehr gut dazu.

ROSINS TIPP: Die Teigmenge ist ziemlich groß, weil die Apfelringe richtig untergetaucht werden müssen, damit der Teig sie auch gut umhüllt. Die Teigreste können aber eingefroren und zum Wiederverwenden langsam im Kühlschrank aufgetaut werden.

Gebackene Apfelringe in dreierlei Teig

Beim Zubereiten dieses Desserts kommen bei mir immer Kindheitserinnerungen an Teigschleckorgien in der Küche hoch. Heute wie damals liebe ich diese Kombination aus der Apfelsäure mit den warmen Röstaromen des gebackenen Teigs.

> braucht Übung
> 1 Stunde

1 Für den Cornflakes-Mandel-Teig die Mandelblättchen in einer Pfanne ohne Fett goldgelb rösten, Cornflakes dazugeben und alles kurz verrühren. Vom Herd nehmen und auskühlen lassen. Mit einem Messer grob hacken. Eier, Eigelbe und Zucker 5 Minuten lang schaumig schlagen. Mehl durchsieben und nach und nach mit einem Schneebesen unterheben. Cornflakes-Mandel-Mischung ebenfalls vorsichtig unterheben. Beiseitestellen.

2 Für den Biskuitteig Eier, Eigelbe und Zucker 5 Minuten lang schaumig schlagen. Mehl und die Stärke durchsieben und nach und nach mit einem Schneebesen unterheben. Beiseitestellen.

3 Für den Bierteig Eier trennen. Eiweiße steif schlagen. Mehl mit Bier und Salz in einer Schüssel glatt rühren. Eigelbe einrühren. Eischnee vorsichtig mit einem Schneebesen unterheben. Beiseitestellen.

4 Öl in einer Fritteuse auf 170 °C erhitzen. Äpfel schälen und das Kerngehäuse ausstechen. Äpfel in 1 cm dicke Scheiben schneiden. Jeweils ein Drittel der Apfelscheiben in je einem der drei Teige wenden und knusprig frittieren. Auf Küchenpapier entfetten. Auf Teller legen, mit Puderzucker bestäuben und warm servieren.

CORNFLAKES-MANDEL-TEIG

50 g	Mandelblättchen
50 g	Cornflakes
4	Eier
2	Eigelb
75 g	Zucker
75 g	Mehl

BISKUITTEIG

8	Eier
3	Eigelb
150 g	Zucker
150 g	Mehl
25 g	Speisestärke

BIERTEIG

8	Eier
600 g	Mehl
1 l	helles Bier
1	Messerspitze Salz

APFELRINGE

	Rapsöl
4	Äpfel
	Puderzucker

Süße **Arme Ritter** mit Joghurtschaum

Ein Dessert für die von mir so geschätzte Resteverwertung.
Man kann es auch mit Brioche, Hefezopf oder Toastbrot zubereiten.

> schnell
> 25 Minuten

1	Ei
200 ml	Milch
4	Scheiben Rosinenstuten
50 g	Butter
80 g	Zimtzucker
1	Bio-Zitrone
200 ml	Ayran
1 EL	Honig

1 Das Ei mit der Milch verquirlen. Die Rosinenstutenscheiben darin einweichen. Butter in einer Pfanne zerlassen und die eingeweichten Scheiben darin ausbacken. Herausnehmen und auf Küchenpapier abtropfen lassen. Auf Teller legen und mit Zimtzucker bestreuen.

2 Für den Joghurtschaum die Schale von der Zitrone abreiben und den Saft auspressen. Ayran, Zitronensaft, -schale und Honig mit einem Stabmixer aufschäumen. Den Joghurtschaum zu den Armen Rittern anrichten.

ROSINS TIPP: Das türkische Joghurtgetränk Ayran gibt den Armen Rittern eine frische Note. Es lässt sich ganz schnell aus 500 Gramm Joghurt (mindestens 3,5 % Fett), 1 Prise Salz, etwas Zitronensaft und etwa ½ l Wasser selbst machen: Gut gekühlten Joghurt salzen, mit ein paar Spritzern Zitronensaft in eine Schüssel geben und mit dem Stabmixer oder Schneebesen schaumig aufschlagen, dabei nach und nach das Wasser dazugeben.

ROSINS TIPP: Kombucha wird mithilfe des Kombucha-Teepilzes aus gesüßtem, meist schwarzem oder grünem Tee hergestellt. Der Zucker ist wichtig, um die Fermentation in Gang zu bringen. Je nach Außentemperatur werden für das perlende Getränk, das kalt genossen wird, 1–2 Wochen Gärzeit veranschlagt. Man kann Kombucha jedoch fertig kaufen oder auch durch Kirschsaft ersetzen.

Orangenwaffeln mit Kombuchakirschen

Mein absolutes Lieblingsdessert. Wenn ich den Duft der frisch gebackenen Waffeln rieche, ist es mit der Beherrschung vorbei. Wichtig ist ein Schlag frischer Sahne obendrauf! Zum Entkernen der Kirschen leistet ein Kirschentkerner wie im Bild gute Dienste. Wer zu den Waffeln einfach Kirschkompott serviert, kann das mit etwas Rum, Brandy oder Whisky aromatisieren.

> braucht Vorbereitung
> 1 ½ Stunden + 2 Stunden marinieren + 30 Minuten ruhen

1 Für die Kombuchakirschen die Kirschen entkernen und in eine Schüssel geben. Zucker in einem Topf karamellisieren. Vanillemark, Gewürznelken und Kaffirlimettenblätter dazugeben. Mit Kombucha ablöschen und auf 500 ml einkochen lassen. Das dauert etwa 20 Minuten. Speisestärke mit etwas Kombucha anrühren und in den Topf rühren. Weiterkochen lassen, bis die Sauce andickt. Alles durch ein Sieb auf die Kirschen abgießen. Kirschen etwa 2 Stunden marinieren lassen. Vor dem Servieren noch einmal erwärmen.

2 Für die Orangenwaffeln Orangenschale abreiben und den Saft auspressen. Butter und Zucker 8 Minuten schaumig aufschlagen. Eier dazugeben und weiterrühren. Mehl, Speisestärke und Backpulver über die Eimasse sieben und einarbeiten. Mineralwasser, Orangenschale und -saft unterrühren. Teig 30 Minuten ruhen lassen. Nach Gebrauchsanweisung im Waffeleisen zu Waffeln backen. Waffeln mit Puderzucker bestäuben, auf Teller geben und die warmen Kombuchakirschen dazu servieren.

KOMBUCHAKIRSCHEN

400 g	Kirschen
200 g	Zucker
	Mark von 1 Vanilleschote
5	Gewürznelken
20	Kaffirlimettenblätter
1 l	Kombucha
2 EL	Speisestärke

ORANGENWAFFELN

2	Bio-Orangen
150 g	Butter
180 g	Zucker
4	Eier
150 g	Mehl
150 g	Speisestärke
1 TL	Backpulver
100 ml	Mineralwasser
	Puderzucker

Safranbirne mit Milchreis

Der Klassiker »Birne Helene«, das Standarddessert der Nachkriegszeit, wird neu interpretiert: Safran, Gewürze und Milchreis statt Vanilleeis und Schokoladensauce zeigen das Birnenaroma von einer ganz neuen Seite.

> braucht Vorbereitung
> 1 Stunde + 1 Stunde kochen + 8 Stunden marinieren

SAFRANBIRNE

4	Stängel Zitronengras
250 g	Zucker
	Mark von 4 Vanilleschoten
10	Kaffirlimettenblätter
6	Sternanis
10	Gewürznelken
0,2 g	Safranfäden
2 l	Weißwein
4	Birnen

MILCHREIS

700 ml	Milch
200 g	Milchreis
5 TL	Zucker
	Mark von 1 Vanilleschote
1	Prise Salz
1	Zimtstange
½	Bio-Zitrone
50 g	Crème fraîche

1 Für die Safranbirnen Zitronengras fein schneiden. Zucker in einem Topf karamellisieren lassen. Vanillemark, Zitronengras, Kaffirlimettenblätter, Sternanise, Gewürznelken und Safran dazugeben. Weißwein angießen und aufkochen. Flüssigkeit auf 1 l einkochen lassen. Das dauert etwa 30 Minuten.

2 Birnen schälen. Gewürzsud durch ein Sieb über die Birnen in einen Topf gießen. Auf den Herd stellen und die Birnen 5 Minuten köcheln lassen. Birnen herausnehmen und den Sud auf 500 ml einkochen lassen. Das dauert etwa 15 Minuten. Vom Herd nehmen, die Birnen wieder in den Gewürzsud geben und über Nacht (mindestens jedoch 8 Stunden) marinieren, dabei ab und zu wenden.

3 Für den Milchreis Milch, Reis, Zucker, Vanillemark, Salz und Zimtstange in einen Topf geben und aufkochen. Reis auf kleinster Hitze in 20 Minuten unter gelegentlichem Umrühren quellen lassen, bis er eine cremige Konsistenz hat. Vom Herd nehmen.

4 Kurz vor dem Servieren 200 ml Birnensud in einen Topf geben und noch einmal einkochen, bis er sirupartig wird. Zitronenschale abreiben und den Saft auspressen. Beides mit der Crème fraîche verrühren und unter den Milchreis heben. Die Birnen aus dem Sud nehmen, den Boden gerade schneiden und das Kerngehäuse entfernen. Birnen mit warmem Milchreis füllen, auf Teller setzen und mit dem sirupartigen Gewürzsud beträufeln.

ROSINS TIPP: Jede Flüssigkeit, in der die Aromen nicht konzentrierter vorhanden sind als im Obst selbst, laugt es aus. Darum sollte man Obst generell nur in einem sehr kräftigen Sud marinieren. Der zusätzliche Saft von ½ Zitrone verstärkt das Aroma.

Paprikabuttercreme-Biskuit mit marinierten Erdbeeren

Buttercreme und Biskuit kennt jeder – aber bestimmt nicht mit Paprika! Schmecken und staunen ist die Devise bei diesem außergewöhnlichen Dessert.

> aufwendig
> 2 Stunden + 4 Stunden kühlen

1 Für den Biskuit Backofen auf 170 °C Umluft vorheizen. Mandelblättchen in einer Pfanne ohne Fett goldgelb rösten. Vom Herd nehmen und auskühlen lassen. Eier, Eigelb und Zucker 10 Minuten lang schaumig schlagen. Mehl und Speisestärke über die Masse sieben, Mandelblättchen dazugeben. Alles vorsichtig mit einem Schneebesen unterheben, ohne dass Klumpen entstehen. Eine Backform (15 × 15 cm) mit Backpapier auskleiden. Den Biskuitteig hineinfüllen. Im Ofen auf mittlerer Schiene in 14–18 Minuten goldgelb backen.

2 Für die Paprikabuttercreme Milch, Vanillemark, Zucker und Puddingpulver in einen Topf geben und aufkochen. Vom Herd nehmen und etwas abkühlen lassen. Eigelbe mit einem Schneebesen einrühren. Mit Frischhaltefolie abdecken und abkühlen lassen. (Zur Weiterverarbeitung sollten Creme, Paprikareduktion und Butter Raumtemperatur haben, sonst bindet die Buttercreme nicht.)

3 Puderzucker in eine Schüssel sieben, die Butter dazugeben und 5 Minuten schaumig schlagen. Den lauwarmen Pudding nach und nach abwechselnd mit der Paprikareduktion unterrühren, bis die Buttercreme glatt ist. Die Masse auf dem Biskuitboden verteilen und glatt streichen. Mit Folie abdecken und 4 Stunden in den Kühlschrank stellen.

4 Vor dem Servieren die Schale der Zitrone abreiben und den Saft ausdrücken. Die Erdbeeren von den Kelchen befreien, vierteln und mit Grand Marnier, Zitronensaft, -schale und Honig abschmecken. Den Buttercremebiskuit vorsichtig aus der Form heben und in 5 cm große Würfel schneiden. Die marinierten Erdbeeren auf dem Biskuit verteilen.

BISKUIT

- 100 g Mandelblättchen
- 4 Eier
- 1 Eigelb
- 75 g Zucker
- 75 g Mehl
- 1 TL Speisestärke

PAPRIKABUTTERCREME

- 350 ml Milch
- Mark von 2 Vanilleschoten
- 40 g Zucker
- 50 g Puddingpulver
- 2 Eigelb
- 100 g Puderzucker
- 450 g warme Butter
- 150 g Paprikareduktion (siehe Seite 218)

ERDBEEREN

- 1 Bio-Zitrone
- 10 Erdbeeren
- 20 ml Grand Marnier
- 1 Messerspitze Honig

Grundrezepte

Grundrezepte

Von den folgenden Dressings, Saucen und Würzzutaten kann man zwar viele auch kaufen – aber Fertigprodukte sind geschmacklich kein Vergleich mit den selbst gemachten Produkten.

ESSIG-ÖL-DRESSING

500 ml Gemüsebrühe | 60 ml Weißweinessig | 200 ml Olivenöl | Zucker, Salz, Pfeffer

Gemüsebrühe in einem Topf aufkochen und köcheln lassen, bis sie konzentrierter wird. Vom Herd nehmen und den Essig mit einem Schneebesen einrühren. Das Olivenöl nach und nach mit einem Stabmixer einarbeiten. Mit Zucker, Salz und Pfeffer abschmecken.

SENFDRESSING

125 ml roter Portwein | 125 ml Madeira | 15 ml Noilly Prat | 150 ml Balsamessig | 450 ml Olivenöl | 1 TL Senf | Salz, Zucker

Portwein und Madeira in einem Topf aufkochen. Flüssigkeit auf 125 ml einkochen. Noilly Prat und Balsamessig dazugeben. Vom Herd nehmen und das Olivenöl und den Senf nach und nach mit einem Stabmixer untermixen. Mit Salz und Zucker abschmecken.

JOGHURTDRESSING

1 Knoblauchzehe | 300 g Joghurt | 50 g Sahne | 50 ml weißer Balsamessig | Saft von ½ Zitrone | ½ TL Honig | Salz, Pfeffer, Zucker

Knoblauch schälen und hacken. Joghurt, Sahne und Knoblauch mit einem Stabmixer aufmixen. Balsamessig, Zitronensaft und Honig dazugeben und weitermixen. Mit Salz, Pfeffer und Zucker abschmecken. Durch ein Sieb passieren.

CHAMPAGNERDRESSING

2 Schalotten | 1 Knoblauchzehe | 100 ml Olivenöl | Zucker, Salz, Pfeffer | 150 ml Gemüsebrühe | 250 ml Champagneressig

Schalotten und Knoblauch schälen und fein würfeln. etwas Olivenöl in einem Topf erhitzen. Schalotten- und Knoblauchwürfel darin in etwa 5 Minuten glasig dünsten. Mit Zucker, Salz und Pfeffer würzen. Brühe dazugeben und aufkochen. Vom Herd nehmen, Essig hinzufügen. Alles mit dem Stabmixer aufmixen. Nach und nach das restliche Olivenöl untermixen. Durch ein Sieb passieren.

HOLUNDERDRESSING

2 Schalotten | 1 Knoblauchzehe | Olivenöl | Salz, Zucker | 500 ml Holundersaft | 100 ml Brühe | 50 ml Weißweinessig | 100 ml Olivenöl

Schalotten und Knoblauch schälen und fein würfeln. 1 EL Olivenöl in einer Pfanne erhitzen. Schalotten- und Knoblauchwürfel darin glasig dünsten. Mit Salz und Zucker würzen. Etwa 2 Minuten bei mittlerer Hitze weiterdünsten. Mit Holundersaft auffüllen und auf 250 ml einkochen. Brühe und Essig dazugeben. Vom Herd nehmen und mit dem Stabmixer durchmixen. Nach und nach das restliche Olivenöl einarbeiten. Mit Salz und Zucker abschmecken. Durch ein Sieb passieren.

ROSINS TIPP:
Die Remoulade kann direkt nach dem Einarbeiten des Olivenöls verwendet werden.

REMOULADENSCHAUM

1 Schalotte | Olivenöl | 100 g Eigelb | 20 ml Gurkenwasser | 1 EL Senf | 10 g Zucker | 1 TL getrockneter Dill

Schalotte schälen und fein würfeln. 1 EL Olivenöl in einer Pfanne erhitzen und die Schalotte darin glasig dünsten. Vom Herd nehmen. Schalottenwürfel, Eigelb, Gurkenwasser, Senf, Zucker und Dill in ein hohes Gefäß geben und mit dem Stabmixer aufmixen. Durch ein feines Sieb passieren. Nach und nach 150 ml Olivenöl mit einem Stabmixer einarbeiten, bis eine Creme entstanden ist. In einen iSi-Whip füllen und 3 Sahnekapseln auffüllen. 15 Minuten bei 70 °C im Wasserbad erwärmen. Gut schütteln und aufschäumen.

MAYONNAISE

2 Eigelb | Salz | 1 Prise Zucker | 1 TL Senf | 1 Prise Cayennepfeffer | 1 EL Essigessenz | 400 ml Rapsöl

Alle Zutaten mit einem Schneebesen in einer Metallschüssel verrühren. Das Rapsöl ganz langsam in einem dünnen Strahl einrühren, bis eine dicke Creme entstanden ist.

COCKTAILSAUCE

8 EL Mayonnaise (siehe Rezept oben) | 3 EL Tomatenmark | 1 Spritzer Cognac | 2 EL Zitronensaft | Salz, Cayennepfeffer

Mayonnaise in einer Schüssel mit Tomatenmark, Cognac und Zitronensaft verrühren. Mit Salz und Cayennepfeffer abschmecken.

TOMATENSALSA

4 Tomaten | 1 rote Zwiebel | 1 EL Aprikosenkernöl | 1 EL gehackte Kräuter (z. B. Petersilie, Basilikum) | 1 EL alter Balsamessig | 1 EL Olivenöl | Salz, Pfeffer, Zucker

Tomaten in kochendem Wasser blanchieren, die Haut abziehen, entkernen und fein würfeln. Zwiebel schälen und fein würfeln. Aprikosenkernöl, Tomaten- und Zwiebelwürfel, Kräuter, Balsamessig und Olivenöl verrühren. Mit Salz, Pfeffer und Zucker abschmecken. Vor dem Servieren mindestens 1 Stunde ziehen lassen.

PAPRIKAREDUKTION

12 rote Paprika | 2 Stängel Zitronengras | 100 g Zucker | Mark von 1 Vanilleschote | 10 Kaffirlimettenblätter | 5 Gewürznelken

Paprika halbieren, vom Stielansatz befreien, entkernen, in grobe Stücke schneiden und im Entsafter entsaften. Gebraucht werden 600 ml Paprikasaft. Zitronengras fein schneiden. Zucker in einem Topf karamellisieren lassen. Vanillemark, Kaffirlimettenblätter, Zitronengras und Gewürznelken unterrühren. Mit 600 ml Paprikasaft aufgießen. Flüssigkeit auf 150 ml einkochen. Vom Herd nehmen, durch ein Sieb passieren und kalt stellen.

GEMÜSEBRÜHE

200 g Möhren | 1 Gemüsezwiebel | 1 Knoblauchzehe | ½ Knollensellerie | 1 Bund Petersilie | 2 EL Sonnenblumenöl | 3 Lorbeerblätter | 2 Gewürznelken | 10 Pfefferkörner | Salz

Möhren, Zwiebel, Knoblauch, Sellerie und Petersilie grob zerkleinern. Sonnenblumenöl in einen Topf geben. Gemüse und Gewürze darin 5 Minuten andünsten. 2 l leicht gesalzenes Wasser angießen, aufkochen und 10 Minuten kochen lassen. Durch ein Sieb in einen zweiten Topf abgießen, auf den Herd stellen und die Brühe in etwa 20 Minuten auf 1 l einkochen lassen.

ROSINS TIPP:

Lässt sich gut einfrieren, z. B. in einem Eiswürfelbehälter, und kann dann portionsweise verwendet werden.

GEKLÄRTE BUTTER

Wird auch Butterschmalz oder Ghee genannt. Für geklärte Butter 250 g Butter in einer Pfanne bei niedriger Hitze zerlassen, bis die Molke aufschäumt. Nicht bräunen! Durch ein mit Küchenpapier ausgelegtes Sieb abgießen und in ein Glas füllen. Geklärte Butter hält sich im Kühlschrank 1 Monat.

BRAUNE BUTTER

Wird wegen ihres Geschmacks auch Nussbutter genannt. 250 g Butter in einer Pfanne zerlassen, bis die Molke aufschäumt. Weiter erhitzen, bis die Butter anfängt zu bräunen und zu duften. Durch ein mit Küchenpapier ausgelegtes Sieb abgießen und in ein Glas füllen. Braune Butter hält sich im Kühlschrank 1 Monat.

KRÄUTERSALZ

60 g Kräuterblätter und -nadeln (Majoran, Rosmarin,Thymian, Bohnenkraut, Oregano) | 200 g grobes Meersalz

Die Kräuter in einem Mörser zerreiben und mit dem Meersalz vermischen. Die Mischung 2 Tage nicht abgedeckt an einem trockenen Ort stehen lassen, damit die Feuchtigkeit, die das Salz aus den Kräutern zieht, entweichen kann.

Register

Noch mehr Titel von **Frank Rosin** mit Schmackofatz!

ISBN 978-3-8310-2939-6
16,95 € (D) / 17,50 € (A)

ISBN 978-3-8310-3158-0
19,95 € (D) / 20,60 € (A)

ISBN 978-3-8310-3875-6
19,95 € (D) / 20,60 € (A)

DK

www.dk-verlag.de

Überarbeitete Neuausgabe 2022

Rezepte Frank Rosin, Oliver Engelke und Christian Danielek, sowie Susann Kreihe

Texte und Redaktion Claudia Krader, München
Fotografie Klaus Arras, Köln
Fotoassistenz Katja Briol
Requisite Bettina Bormann
Foodstyling Oliver Engelke und Christian Danielek, Dorsten
Coverfoto Ingolf Hatz
Lektorat Elke Sagenschneider
Innengestaltung, Typografie, Realisation Sonja Gagel

Für den DK Verlag:
Programmleitung Monika Schlitzer
Projektbetreuung Gabriele Kalmbach, Elke Homburg, Julia Sommer
Herstellungsleitung Dorothee Whittaker
Herstellungskoordination Claudia Rode
Herstellung Inga Reinke

ISBN 978-3-8310-4450-4

Repro Farbsatz, Neuried/München
Druck und Bindung Mohn Media Mohndruck GmbH, Gütersloh

MIX
Papier aus verantwortungsvollen Quellen
FSC® C011124

www.dk-verlag.de

Hinweis
Die Informationen und Ratschläge in diesem Buch sind von den Autoren und vom Verlag sorgfältig erwogen und geprüft, dennoch kann eine Garantie nicht übernommen werden. Eine Haftung der Autoren bzw. des Verlags und seiner Beauftragten für Personen-, Sach- und Vermögensschäden ist ausgeschlossen.